I0706747

Sophie Cordis

GLOSSAIRE, TRADUCTION DES CITATIONS DE SCHOPENHAUER

*Arthur Schopenhauer et son caniche
par Wilhelm Busch (1832-1908).*

2018

contact.cdbf@gmail.com

Chez le même éditeur

La Dharani de Vajravidarana, Djangtchoub Sempa Yeshé Nyngpo
Les Cent Mille Mantras, Djangtchoub Sempa Yeshé Nyngpo
La Sadhana de Tchenrézi, Djangtchoub Sempa Yeshé Nyngpo
Le Sûtra en 42 Articles, adaptation Djangtchoub Sempa Yeshé Nyngpo
La Vie du Bouddha, André-Ferdinand Herold
Catéchisme Bouddhique, Soubhadra Bhikshu
La Marche vers l'Éveil - Bodhičaryavâtâra, Shantideva
Introduction à la Philosophie Védanta, Friedrich Müller
Glossaire, Traduction des citations de Schopenhauer, Sophie Cordis
Le Monde comme Volonté et comme Représentation, Volume 1 A. Schopenhauer
Le Monde comme Volonté et comme Représentation Volume 2 Appendice, A Schopenhauer
Le Monde comme Volonté et comme Représentation Volume 3 Suppléments 1
Le Monde comme Volonté et comme Représentation Volume 4 Suppléments 2
Le Fondement de la morale, A. Schopenhauer
L'Art d'Avoir Toujours Raison, A. Schopenhauer
Les Comédies de Plaute (2 volumes), Plaute
La Femme en Blanc (3 volumes), Wilkie Collins
*Recherches sur la Nature et les Causes de la Richesse des Nations
    (2 volumes), Adam Smith*
Marseille, Porte du Sud, Albert Londres
Confession d'un enfant du siècle, Alfred de Musset
Nietzsche et l'Immoralisme, Alfred Fouillée
Messaline, Alfred Jarry
L'Affaire Crinquebille, Anatole France
Contes tjames, Antony Landes
La Grande Morale, Aristote
David Copperfield (2 volumes), Charles Dickens
La Franc-Maçonnerie des Femmes, Charles Monselet
Melmoth ou l'Homme Errant, Ch. Robert Maturin
Histoire d'un Ruisseau, Élisée Reclus
Pascal, Émile Boutroux
Doctrine de la Vertu, Emmanuel Kant
L'Ecclésiaste, un Temps pour Tout, Ernest Renan
Jésus, Ernest Renan
Histoire de ma Jeunesse, Françoise Arago
Le Crépuscule des Idoles, Friedrich Nietzsche
Considérations Inactuelles, Friedrich Nietzsche
Seconde Considération Inactuelle, Friedrich Nietzsche
L'Antéchrist, Friedrich Nietzsche
La Théogonie, Hésiode
Les Vagabonds du Rail, Jack London
La Métisse : roman canadien, Jean Féron
Les Regrets, Joachim du Bellay
Lettres sur la Tolérance, John Locke
Essai Philosophique, John Locke
L'Utilitarisme, John Stuart Mill

Poil de Carotte : Illustrations Originales, Jules Renard
L'Homme Machine, J. Offray de la Mettrie
Misère de la Philosophie, Karl Marx
Tao Te King - Le Livre de la voie et de la vertu, Lao Tseu
Le Ta-Hio ou la Grande Étude, Confucius et son disciple Tseng-Tseu
Histoire du Moyen-Âge, Leconte de Lisle
Catéchisme Populaire Républicain, Leconte de Lisle
Les Rêves et les Moyens de Les Diriger, Léon d'Hervey de Saint-Denys
Traité Élémentaire de Peinture, Léonard de Vinci
Toutoune et Son Amour, Lucie Delarue-Mardrus
Pensées d'une Solitaire, Louise Ackerman
Contes Bizzares, L. Achim von Arnim
Les 95 Thèses, Martin Luther
Max Havelaar, Multatuli
Déclaration des Droits de la Femme, Olympe de Gouges
L'Esprit Contre la Raison, René Crevel
La Dame à la Louve, Renée Vivien
L'Étrange Cas du Docteur Jekyll et de M. Hyde, Robert Louis Stevenson
Le Livre de la Jungle : version illustrée, Rudyard Kipling
Au Hasard de la Vie, Rudyard Kipling
Le Chat, Théodore de Banville
Mademoiselle Dafné, Théophile Gautier
Kant et sa Philosophie, Victor Cousin
Les quatre Fils d'Ève, Vincente Blasco Ibanez
Pierrot Chien de Belgique, Walter Alden Dyer
La Tyrannie Socialiste, Yves Guyot
Trois Contes Sauvages : roman canadien, Zacharie Lacasse

© Éditions CdBF 2018
ISBN : 978-1-983-26713-0

LE MONDE COMME VOLONTÉ ET COMME REPRÉSENTATION

PRÉFACE DE LA PREMIÈRE ÉDITION.

Pauci homines.
> Peu de gens.

PRÉFACE DE LA DEUXIÈME ÉDITION.

Primum mobile
> Le premier moteur

Medicina mentis
> Médecine de l'esprit

Im Ignorieren und dadurch sekretieren.
> En passant sous silence ce qu'on veut ignorer.

Primum vivere, deinde philosophari
> D'abord vivre avant de philosopher.
>
> Avant de philosopher, il faut subvenir à ses besoins matériels, et accumuler de l'expérience en profitant de la vie.

Povera e nuda vai filosofia.
> Tu marches pauvre et nue, ô Philosophie.

Alma mater
> Mère nourricière

Préface de la troisième édition.

Si quid tota die currens, pervernit ad vesperam, satis est.
Si quelqu'un, courant tout le jour, parvient au soir, cela suffit.
Pétrarque, (*De vera sapientia*)

§ 3. La représentation intuitive.
Ses formes, dérivées du principe de raison :
Le temps et l'espace.

In abstracto
Dans l'abstrait

§ 4. La matière, objet de l'entendement.
Elle est essentiellement active, et soumise a priori
à la causalité.

Mira in quibusdam rebus verborum proprietas est, et consuetudo sermonis antiqui quædam efficacissimis notis signat.
La propriété des termes est étonnante pour certaines choses, et l'usage de l'ancienne langue les désigne de la manière la plus efficace.
Sénèque (*Lettres à Lucilius*, 81.)

§ 5. Le problème de la réalité du monde extérieur.
Le rêve et la réalité.

σκιᾶς ὄναρ ἄνθρωπος.   (skiás ónar ánthropos) *umbræ somnium homo.*

L'homme est le rêve d'une ombre.

Pindare (II, v. 135)

Ὁρῶ γὰρ ἡμᾶς οὐδὲν ἄλλο, πλὴν
Εἴδωλ', ὅσοιπερ ζῶμεν, ἢ κούφην σκιάν

(Oró gár imás oudén állo, plín
Eídol', ósoiper zómen, i koúfin skián)

Nos enim, quicumque vivimus, nihil aliud esse comperio, quam simulacra et levem umbram.

Je le vois, tous tant que nous vivons, nous ne sommes que des fantômes, une ombre vaine.

Sophocle (*Ajax*, v. 125.)

We are such stuff
As dreams are made of, and our little life
Is rounded with a sleep

Nous sommes faits de l'étoffe dont sont tissés les songes, et notre vie si courte a pour frontière un sommeil.

Shakespeare

Ex abrupto

Brusquement, sans préparation, sans préambule.

§ 6. LE CORPS PROPRE, OBJET IMMÉDIAT ; PASSAGE AUX OBJETS MÉDIATS. L'ILLUSION.

In abstracto

Dans l'abstrait

§ 7. Erreur de vouloir tirer le sujet de l'objet (matérialisme), ou l'objet du sujet (idéalisme de Fichte). Relativité du monde comme représentation.

Ex nihilo
> À partir de rien

Veritas æterna
Veritates æternæ (au pluriel)
> Vérité éternelle, vérités éternelles

Θαυμάζειν μάλα φιλοσοφικὸν πάθος.

> (thavmázein mála filosofikón páthos)

L'étonnement est le sentiment philosophique par excellence
onnement est le sentiment philosophique par excellence.

> Platon

Toto genere
> En tous points

§ 9. Rapports des concepts avec les intuitions : celles-ci sont supposées par ceux-là. Rapport des concepts entre eux : la logique, art de raisonner et science de la raison.

Tertium non datur
> Le troisième n'est pas donné

Principe du *tiers exclu* : "il n'y a pas de troisième solution".

Fait référence à la logique aristotélicienne. Expression plus connue sous le nom de principe du tiers exclu ou principe de non contradiction et énonçant que pour toute proposition (P), l'une ou l'autre parmi cette proposition (P) et sa négation (non-P) est fausse. Autrement dit que (P) et (non-P) ne peuvent être vraies en même temps.

Dictum de omni et nullo

Tout prédicat affirmé ou nié de tous les membres d'un groupe G peut être affirmé ou nié de n'importe quel sous-groupe de G.

Exemple :

(Tous) les chiens sont des mammifères (*mammifère s'applique à tous les chiens*)
(Tous) les colleys sont des chiens
(Tous) les colleys sont des mammifères

Les colleys sont un sous-groupe de chiens et, de ces derniers, il est affirmé qu'ils sont des mammifères.

Ex meris particularibus aut negativis nihil sequitur

De prémisses toutes deux particulières, ou toutes deux négatives, on ne peut rien conclure.

A rationato ad rationem non valet consequentia

La conclusion de l'effet à la cause n'est pas valide.

§ 12. RÔLE DU SAVOIR ET RÔLE DU SENTIMENT DANS LA PRATIQUE : LE PRIVILÈGE DU SAVOIR EST D'ÊTRE COMMUNICABLE ; LE SENTIMENT NE L'EST POINT.

In concreto

De façon concrète, qui s'appuie sur quelque chose de concret.

Signatura rerum

La signature des choses

In abstracto

Dans l'abstrait

Nemo potest personam diu ferre fictam

Personne ne peut longtemps porter un masque

Sénèque (*De la clémence*)

§ 14. Vérité intuitive et vérité démontrée. La vérité intuitive est le fondement de l'autre.

Terminus minor, Terminus medius, Terminus major

Terme mineur, Terme moyen, Terme majeur (d'un syllogisme).

Le syllogisme permet de mettre en lien dans une conclusion deux termes, le majeur et le mineur, au moyen d'un moyen terme. Le majeur et le mineur ne doivent apparaître qu'une fois chacun dans les prémisses, le moyen terme est présent dans chaque prémisse (puisqu'il permet la mise en rapport des deux autres termes) tandis que la conclusion expose le rapport entre le majeur et le mineur, de sorte que le syllogisme est un « rapport de rapports » (expression de Renouvier, *Traité*). Voici un exemple de syllogisme :

	Termes		
	moyen		*majeur*
Prémisse majeure	Tous les hommes	sont	mortels
	or...		
	mineur		*moyen*
Prémisse mineure	Tous les Grecs	sont	des hommes
	donc...		
Conclusion	*mineur*		*majeur*
	Tous les Grecs	sont	mortels

§ 15. Abus de la démonstration dans la géométrie euclidienne.

'Ακριβεστερα δ' επιστημη επιστημης και προτερα, ητε του οτι και του διοτι η αυτη, αλλα μη χωρις του οτι, της του διοτι.

('Akrivestera d' epistimi epistimis kai protera, ite tou oti kai tou dioti i afti, alla mi choris tou oti, tis tou dioti.)

Il faut préférer comme étant plus précise la science qui nous enseigne en même temps que quelque chose est et pourquoi cela est, plutôt que celle qui enseigne séparément le quoi et le pourquoi.

Ergo bibamus

Par conséquent, buvons

Ex firmis principiis

À partir de principes solides

Ea demum vera est philosophia, qum mundi ipsius voces fidelissime reddit, et veîuti dictante mundo conscripta est, et nihil aliud est, quam ejusdem simulacrum et reflectio, ne que addit quidquam de proprio, sed tantum itérât et resonat.

Celle-là seulement est la vraie philosophie qui nous restitue le plus fidèlement les paroles de la nature elle-même, et semble être écrite sous la dictée de la nature, de sorte qu'elle n'en est que l'image et le reflet, n'ajoutant rien d'elle-même, mais répétant et restituant uniquement.

Francis Bacon Baron de Verulam (*De Augmentis Scientiarum*)

§ 16. DE LA RAISON PRATIQUE.
ERREUR DE VOULOIR FONDER SUR ELLE SEULE UNE MORALE : ÉCHEC DU STOÏCISME.

σιδηρειον νυ τοι ητορ (sidēreion nu toi ētor)

Ferreum certe tibi cor !

Vraiment ton cœur est de fer !

(*Iliade*, XXIV, 521)

Τελος το ευδαιμονειν (telos to eudaimonein)

Le bonheur est le but

Virtutes omnes finem habere beatitudinem

Toutes les vertus ont pour but le bonheur

Stobée dans *l'Exposé du Portique* (EcL, lib. II, c. VII)

*Primum et unicum virtulis, seu recte vivendi rationis fondamen- tum, est **suum utile quærere**.*

Le premier et l'unique fondement de la vertu ou d'une conduite conforme à l'ordre est, pour chacun, de **chercher ce qui lui est utile**.

Spinoza (*Eth.*, pars V, prop. 41)

Δει κτασθαι νουν η βροχον (Dei ktasthai noun ē brokhon)

Aut mentem parandam, aut laqueum

Il faut acquérir ou bien la raison, ou bien une corde [pour se pendre].

Plutarque, (*De Stoicorum repugnantiis*, c. 14)

Ου πενια λυπην εργαζεται, αλλα επιθυμια

(Ou penia lupēn ergazetai, alla epithumia)

Non paupertas dolorem efficit, sed cupiditas

Nos souffrances viennent non de la pauvreté, mais de la convoitise

Epict. fragm. 25

Δει ζην κατ' εμπειριαν των φυσει συμβαινοντων

(Dei zēn kat' empeirian tōn phusei sumbainontōn)

On doit vivre avec une connaissance appropriée au train des choses et du monde.

Stobée., (*Éclogues*, liv. II, chap. VII)

Ομολογουμενως ζην τουτο δ' εστι καθ' ενα λογον και συμφωνον ζην

(omologoumenōs zēn touto d' esti kath' ena logon kai sumphōnon zēn)

Hoc est secundum unam rationem et concordera sibi vivere

Vivre d'une manière concordante, c'est-à-dire vivre selon un seul et même principe et en harmonie avec soi-même

Stobée, *Éclogues, eth.*, L. II, c. VII

Αρετην διαθεσιν ειναι ψυχης συμφωνον εαυτη περι ολον τον βιον

(Aretēn diathesin einai psukhēs sumphōnon eautē peri olon ton bion)

Virtutem esse animi affectionem secum per totam vitam consentientem

La vertu consiste dans l'accord de l'âme avec elle-même pendant toute la vie

Stobée, *Éclogues, eth.*, L. II, c. VII

Qua ratione queas traducere leniter œvum :
Ne te semper inops agitet vexetque cupido,
Ne pavor et rerum mediocriter utilium spes.

Comment tu peux passer doucement ta vie,
Sans être troublé et tourmenté par un désir toujours insatisfait,
Par la crainte et l'espérance de biens peu utiles.

Horace, Épîtres I, 18, v. 97 et suivants.

§ 17. LA SCIENCE N'EXPLIQUE PAS L'ESSENCE DES PHÉNOMÈNES : COMMENT ATTEINDRE CETTE ESSENCE ?

Nos habitat, non tartara, sed nec sidera cæli :
Spiritus, in nobis qui viget, illa facit

> C'est nous qu'il habite, et non pas les enfers, ni les astres du ciel :
> Celui qui fait tout cela, c'est l'esprit qui vit en nous.

Cornélius Agrippa de Nettesheim, Ep., 5, 14

§ 20. CHAQUE MOUVEMENT DU CORPS RÉPOND À UN ACTE DE LA VOLONTÉ ;

Ως γαρ εκαστος εχει κρασιν μελεων πολυκαμπτων,
Τως νοος ανθρωποισι παρεστηκεν το γαρ αυτο
Εστιν, οπερ φρονεει, μελεων φυσις ανθρωποισι,
Και πασιν και παντι το γαρ πλεον εστι νοημα.

> Car, de même qu'en chacun se combinent les membres flexibles, ainsi se présente la pensée chez les hommes ; en effet, c'est la même chose que l'esprit et la nature des membres des hommes, en tous les hommes et chez chacun ; car ce qui prédomine, c'est la pensée.

Aristote (*Metaph.*, III, 5)

§ 23. DIFFÉRENCE ENTRE LES *MOTIFS* DES PHÉNOMÈNES DE LA VOLONTÉ ACCOMPAGNÉS DE CONSCIENCE, CHEZ L'HOMME ET LES ANIMAUX ;

Principium individuationis.

Le **principe d'individuation** est une "expression scolastique désignant ce qui confère à un individu, au sein de l'espèce à laquelle il appartient, son existence singulière et le différencie de tout autre de la même espèce."[1] "C'est ce qui fait qu'un être possède une existence concrète, singulière et stable, qui permet de le distinguer tant des objets environnants que des autres objets de même espèce."[2]

[1] Christian Godin, *Dictionnaire de philosophie*, Fayard, 2004, p. 649.

[2] Dina Dreyfus et Florence Khodoss, *Hume. L'homme et l'expérience*, PUF, 1967, p. 91.

Hédysarum gyrans

Plante légumineuse (famille des Papilionacées) qui croît en montagne et dont l'espèce principale est le **sainfoin**.
L'hedysarum gyrans du Bengale doit le mouvement d'oscillation ou de balancement de ses folioles à l'action combinée de l'air et de la chaleur.

(Bern. de St-P., *Harm. nat.*,1814, p. 263)

Mimosa pudica

Le **mimosa pudique** (*Mimosa pudica*) est une plante rampante de 10 à 40 cm de haut (pouvant atteindre dans la nature un peu plus d'un mètre), appartenant à la famille des *Fabaceae* (et anciennement aux *Mimosaceae*), originaire d'Amérique tropicale et largement naturalisée à travers le monde.

Elle est connue aux Antilles françaises sous les noms de **Manzelle Marie, Marie-honte, herbe mamzelle** ou **honteuse femelle**, à l'île Maurice et La Réunion sous le nom de **sensitive** ou **trompe la mort**, en Nouvelle-Calédonie sous le nom de **sensitive**.

Les feuilles alternes ont la particularité de se replier au moindre choc (le vent, la pluie, le toucher...), ce qui en jargon botanique est appelé *thigmonastie*. Il s'agit de l'un des mouvements les plus spectaculaires du règne végétal, dû à de petits renflements à la base des feuilles et des folioles. Cet exemple de sensibilité des plantes a déjà étudié par le naturaliste portugais Cristobal Acosta au XVIe siècle[1]. Ces renflements, appelés pulvinus, sont composés de cellules "motrices" spécialisées et sont

---

[1] Michel Thellier, *Plant responses to environmental stimuli. The rôle of specific forms of plant memory*, Springer, 2017, p. 5.

gonflés d'eau. Au moindre attouchement, cette eau est évacuée dans les tissus avoisinants. La rétraction des feuilles touchées commence dans le dixième de seconde après le contact, et se déroule en deux temps selon l'importance du contact. Tout d'abord, les folioles touchés se replient et "disparaissent à la vue" en environ 3 à 4 secondes. Un choc plus fort induit le repli des feuilles voisines, et s'il est plus fort encore le mouvement de repli atteint toutes les feuilles d'un même côté puis est suivi du repli des feuilles du côté opposé de la plante. Il y a donc deux transmissions distinctes : la première rétraction des folioles qui se propage à environ 2 mètres par minute, et dans un deuxième temps la rétraction des feuilles, quatre fois plus lente, atteignant toute la plante. Le tout est en trois mouvements : les folioles, les feuilles, puis toute la plante[2].

Une fois le calme revenu, les feuilles reprennent leur port.

Ce mouvement est réalisé même lors de longues sécheresses. Des hypothèses plausibles sont émises quant à la raison de ce camouflage : protection contre les intempéries et contre les prédateurs herbivores (la fermeture effrayerait l'herbivore ou le rameau sans feuilles, voire replié sur lui-même, présenterait un aspect moins appétissant). Reste à savoir pourquoi cette stratégie n'est pas employée par d'autres plantes si elle est aussi efficace qu'il y paraît.[3]

§ 24. Ce qu'il y a de plus clair dans la connaissance, c'est la forme ;

Forma substantialis

La forme substantielle ou **quiddité** de chaque chose

Le *Dictionnaire de terminologie scolastique* dit ceci : "*Forma substantialis* : La forme substantielle est ce qui constitue un être dans son espèce déterminée. C'est le principe qui détermine la matière première à une espèce propre, à être arbre, animal, homme, etc".

---

[2] Pelt Jean-Marie. *Les langages secrets de la nature - la communication chez les animaux et les plantes*. Ed. Fayard, Livre de Poche n° 144435, 1996. Chapitre 12 *Des plantes mobiles*, pp. 153-154.

[3] Pelt p. 158

Pour la scolastique, "l'âme de l'homme est la forme substantielle de son corps, de telle sorte que l'homme ne peut être défini ni le corps à part, ni l'âme à part, ni une âme qui entrerait simplement en contact avec le corps sans participer à son mode d'être, mais l'unité substantielle composée de l'âme et du corps"[4].

Si pecora essemus, carnalem vitam et quod secundum sensum ejusdem est amaremus, idque esset sufficiens bonum nostrum, et secundum hoc si esset nobis bene, nil aliud quæreremus. Item, si arbores essemus, nihil quidem sentientes motu amare possemus ; verumtamen, id quasi appetere videremur, quo feracius essemus, uberiusque fructuosæ. Si essemus lapides, aut fluctus, aut ventus, aut flamma, vel quid ejusmodi, sine ullo quidem sensu atque vita, non tamen nobis deesset quasi quidam nostrorum locorum atque ordinis appetitus. Nam velut amores corporum, momenta sunt ponderum, sive deorsum gravitate, sive sursum levitate nitantur : ita enim corpus pondere, sicut animus amore fertur, quocunque fertur.

Si nous étions des bêtes, nous aimerions la vie charnelle, et ce qui lui correspond ; ce serait là pour nous un bien suffisant et, si nous étions satisfaits à cet égard, nous ne demanderions rien d'autre. De même, si nous étions des arbres, nous ne pourrions certes rien sentir ni tenter de rien atteindre par le mouvement ; pourtant nous paraîtrions pour ainsi dire chercher à devenir plus féconds et à porter des fruits plus abondants. Si nous étions des pierres ou des flots ou des vents ou une flamme, ou quelque chose de ce genre, sans nulle conscience suivie, nous ne serions pourtant pas dépourvus d'une sorte de désir de l'endroit et du rang qui nous reviennent. Car dans les mouvements de la pesanteur s'expriment pour ainsi dire les amours des corps inanimés, soit qu'ils tendent vers le bas en vertu de leur poids, soit qu'ils tendent vers le haut en vertu de leur légèreté. En effet, le poids entraîne le corps, comme l'amour entraîne l'esprit, où qu'il soit entraîné.

Saint Augustin (De civitate Dei, XI, 28.)

---

[4] Étienne Gilson, in *René Descartes, Discours de la méthode*, Vrin, 1925, p. 430.

§ 27. LA SCIENCE ÉTIOLOGIQUE NE PEUT LÉGITIMEMENT RÉDUIRE À L'UNITÉ LES FORCES DE LA NATURE.

Generatio æquivoca

Génération spontanée, hètérogénie

On appelle hètérogénie (*generatio heterogenea, æquivoca, primitiva, primigena, originaria, spontanea*) toute production d'être vivant qui, ne se rattachant, ni pour la substance, ni pour l'occasion, à des individus de la même espèce, a pour point de départ des corps d'une autre espèce, et dépend d'un concours d'autres circonstances. C'est la manifestation d'un être nouveau et dénué de parents, par conséquent une génération primordiale, ou une création. Nous la reconnaissons partout où nous voyons paraître un corps organisé sans apercevoir un autre corps de même espèce dont il puisse procéder, ou découvrir dans celui-ci aucune partie apte à opérer la propagation.

Burdach, k.f. (1837)
Traité de physiologie considérée comme science d'observation, vol. 1: 8

Encheiresis naturæ nennt es die Chemie :
Spottet ihrer selbst, und weiss nicht wie.

La chimie appelle cela *Encheiresis naturæ*,
Sans se douter qu'elle se moque d'elle-même.

Gœthe, (*Faust*)

Serpens, nisi serpentem comederit, non fit draco
Le serpent ne devient dragon qu'en dévorant un serpent.
Francis Bacon Baron de Verulam, (*Sermones fideles*, 38.)

Homo homini lupus
L'homme est un loup pour l'homme.

Ει γαρ μη ην το νεικος εν τοις πραγμασιν, εν αν ην απαντα, ως φησιν Εμπεδοκλης

(Ei gar mē ēn to neikos en tois pragmasin, en an ēn apanta, ōs phēsin Empedoklēs)

Car, comme dit Empédocle, si la haine n'était pas dans le monde, toutes choses n'en feraient qu'une

Aristote, (Métaph., 2, 5.)

§ 28. Finalité intime et finalité extérieure dans les phénomènes :

Vallisneria

Les vallisnéries

La reproduction sexuée de la Vallisneria issue de bassin du Gange en Indes est extraordinaire. La plante est dioïque, c'est-à-dire que les pieds mâles et femelles sont séparés. Les fleurs mâles sont minuscules et libérées sous l'eau. Elles remontent à la surface si elles ne sont pas mangées par les poissons. À la surface, elles se déploient et s'ouvrent laissant apparaitre leurs étamines remplis de pollen. Les fleurs mâles sont attirées les unes par les autres (sans doute une force tension superficielle de capillarité). Elles se regroupent alors en petites grappes. Les fleurs femelles sont juste à la surface, à moitié immergées. Elles présentent une petite cavité qui attire les fleurs mâles. Ces dernières sont par un phénomène physique en effet attirées par les cavités. La fécondation peut alors avoir lieu et la fleur femelle se renfonce sous l'eau pour maturer ses graines.[5]

---

[5] Documentaire *"Dis moi où tu habites"* écrit par Jean-Marie Cune de la Fondation européenne de Metz dirigée par Jean-Marie Pelt.

§ 29. Résumé.

Τι το ον μεν αει, γενεσιν δε ουκ εχον ; και τι το γιγνομενον μεν και απολλυμενον, οντως δε ουδεποτε ον.

(Ti to on men aei, genesin de ouk ekhon ? kai ti to gignomenon men kai apollumenon, ontōs de oudepote on.)

Quel est l'être éternel qui ne naît point, et quel est celui qui naît et qui meurt, mais qui n'existe jamais véritablement ?

Platon, *Timée*

§ 31. La doctrine des idées dans Platon
et la doctrine de la chose en soi dans Kant :

Οντως ον   (Ontōs on)

Ce qui est réellement. L'être véritable.

Δοξα μετ' αισθησεως αλογου   (doxa met' aisthēseōs alogou)

Opinion occasionnée par la sensation

Αυτο το θηριον   (Auto to thērion)

Qui existe en soi-même

Καθ' εαυτο, αει ωσαυτως   (Kath' eauto, aei ōsautōs)

Qui est en soi et pour soi

Αει ον, και μηδεποτε ουτε γιγνομενον, ουτε απολλυμενον

(Aei on, kai mēdepote oute gignomenon, oute apollumenon)

Qui ne devient point, qui ne finit point, mais qui est toujours identique à lui-même

Εισι δη ναρθηκοφοροι μεν πολλοι, βακχοι δε γε παυροι

(Eisi dē narthēkophoroi men polloi, bakkhoi de ge pauroi)

Beaucoup portent le thyrse[6], mais il y a peu d'hommes possédés par Bacchus.

Platon, (*Phédon*, 69c)

Η ατιμια φιλοσοφια δια ταυτα προσπεπτωκεν, οτι ου κατ' αξιαν αυτης απτονται ου γαρ νοθους εδει απτεσθαι, αλλα και γνησιους.

(Ē atimia philosophia dia tauta prospeptōken, oti ou kat' axian autēs aptontai ou gar nothous edei aptesthai, alla kai gnēsious.)

La raison qui fait tomber la philosophie dans le décri, est qu'elle a des adeptes indignes d'elle ; elle ne devrait être abordée que par des esprits bien nés, et non par des esprits bâtards.

Platon, (*République*, VII, 535c)

§ 32. Différence entre l'Idée et la chose en soi :

Αιωνος εικων κινητη ο χρονος   (aiōnos eikōn kinētē o khronos)

Le tems est l'image mouvante de l'éternité

Εἰκὼ δ᾽ ἐπενόει κινητόν τινα αἰῶνος ποιῆσαι, καὶ διακοσμῶν ἅμα οὐρανὸν ποιεῖ μένοντος αἰῶνος ἐν ἑνὶ κατ᾽ ἀριθμὸν ἰοῦσαν αἰώνιον εἰκόνα, τοῦτον ὃν δὴ χρόνον ὠνομάκαμεν.

(eikò d' epenóei kinētón tina aiõnos poiẽsai, kaì diakosmõn háma ouranòn poieĩ ménontos aiõnos en henì kat' arithmòn ioũsan aiónion eikóna, toũton hòn dè khrónon ōnomákamen.)

Dieu résolut donc de faire *une image mobile de l'éternité* ; et par la disposition qu'il mit entre toutes les parties de l'univers, il fit de l'éternité qui repose dans l'unité cette image éternelle, mais divisible, que nous appelons *le temps*.

Platon (*Timée*, 37d)

---

[6] Bâton entouré de feuilles, attribut du dieu Bacchus.

§ 34. L'INDIVIDU S'ÉLÈVE, PAR LA CONTEMPLATION DÉSINTÉRESSÉE...

Mens æsterna est, quatenus res sub æternitatis specie concipit

L'esprit est éternel, dans la mesure où il conçoit les choses du point de vue de l'éternité.

Spinoza (*Éthique*, V, 31, scol.)

Are not the mountains, waves and skies, a part
Of me and of my soûl, as I of them

Montagnes, flots et ciel, n'est-ce point une partie de moi-même, une partie de mon âme ? Ne suis-je point, moi aussi, une partie de tout cela ?

Lord George Gordon Byron (LXXV)

Hæ omnes creaturæ, totum ego sum, et præter me aliud ens non est

Je suis toutes ces créatures et à part moi n'existe aucun autre être.

(Oupnek'hat, I, 122)

§ 36. LA CONTEMPLATION DES IDÉES, L'ART, LE GÉNIE.

Amabilis insania

Aimable folie

Nullum magnum ingenium sine mixtura démentiæ fuit

Il n'y a point de génie sans un grain de folie

Aristote, d'après Sénèque (De tranq. animi, 15, 16)

Negatenim, sine furore, Democritus, quemquam poetam magnum esse posse ; quod idem dicit Plato.

Démocrite, en effet, prétend que personne ne peut être un grand poète sans une sorte de folie; et Platon dit la même chose.

Cicéron (*De Divin.*, I, 37.)

Great wits to madness sure are near allied,
And thin partitions do their bounds divide.

Le génie confine à la folie ;
Ils ne sont séparés que par une mince cloison.

Alexander Pope

Fatuitas

Sottise

§ 39. DU SUBLIME :

Arbusta formas suas varias, quibus mundi hujus visibilis structura formosa est, sentiendas sensibus præbent ; a t, pro eo, quod nosse non possun, quasi innotescere velle videantur.

Les plantes offrent leurs formes diverses, qui embellissent notre monde visible, à la perception de nos sens ; ainsi, comme elles ne peuvent pas connaître, elles semblent en quelque sorte vouloir être connues.

Hæ omnes creaturæ, totum ego sum, et præter me aliud ens non est.

Je suis toutes ces créatures et à part moi n'existe aucun autre être.

Oupnek'hat, vol. I

For thou hast been
As one, in suffering ail, that suffers nothing ;

A man, that fortune's buffets and rewards
Hast taken with equal thanks, ...

Car tu n'as cessé d'être comme un homme qui, en souffrant tout, n'aurait rien souffert : tu as accepté d'une âme égale les coups et les bienfaits du sort, ...

Hamlet (Acte 3, Scène 2)

§ 41. De la beauté :

Ο Πλατων εφη, οτι ειδη εστιν οποσα φυσει

(O Platōn ephē, oti eidē estin oposa phusei)

Platon a dit qu'il y avait autant d'Idées que d'êtres naturels.

Οριζονται δε την ιδεαν, παραδειγμα των κατα φυσιν αιωνιον. Ουτε γαρ τοις πλειστοις των απο Πλατωνος αρεσκει, των τεχνικων ειναι ιδεας, οιον ασπιδος η λυρας ουτε μην των παρα φυσιν, οιον πυρετου και χολερας, ουτε των κατα μερος, οιον Σωκρατους και Πλατωνος, αλλ' ουτε των ευτελων τινος, οιον ρυπου και καρφους, ουτε των προς τι, οιον μειζονος και υπερεχοντος ειναι γαρ τας ιδεας νοησεις Θεου αιωνιουσ τε και αυτοτελεις

(Orizontai de tēn idean, paradeigma tōn kata phusin aiōnion. Oute gar tois pleistois tōn apo Platōnos areskei, tōn tekhnikōn einai ideas, oion aspidos ē luras oute mēn tōn para phusin, oion puretou kai kholeras, oute tōn kata meros, oion Sōkratous kai Platōnos, all' oute tōn eutelōn tinos, oion rupou kai karphous, oute tōn pros ti, oion meizonos kai uperekhontos einai gar tas ideas noēseis Theou aiōnious te kai autoteleis)

Mais ils définissent l'Idée comme modèle éternel des choses de la nature. Car la plupart des disciples de Platon nient qu'il existe des Idées de produits artificiels, tel que le bouclier ou la lyre, ni de choses qui sont contre nature, comme la fièvre ou le choléra, ni d'individus, comme Socrate ou Platon, ni de choses vulgaires, comme les ordures ou les brindilles, ni de rapports comme le fait d'être plus grand et de dépasser ; en effet, les Idées seraient les pensées de Dieu, éternelles et parfaites en soi.

Témoignage d'Alkinoos (*Introductio in Platonicam philosophiam*, chap. IX)

§ 46. Digression :

Secundum naturam.

Conformément à la nature.

Vox faucibus hæsit.

Ma voix s'arrêta au gosier.

Virgile (*Enéide*, livre III, v. 48)

Fin d'un vers de Virgile. Énée vient de quitter les rivages de Troie ; il aborde en Thrace et se prépare à offrir un sacrifice aux dieux ; il se dirige vers un bois épais afin d'y cueillir des branches pour orner l'autel improvisé. Mais à peine le fer a-t-il touché le premier arbre, que le sang jaillit, et une voix plaintive se fait entendre : "Énée, pourquoi déchirer un malheureux ? Épargne les morts !" Celui qui parle ainsi, c'est Polydore, un des fils de Priam, confié aux soins de Polymnestor, roi de Thrace, et massacré par celui qui devait le détendre.

C'est pour peindre son étonnement à la vue de ce prodige, qu'Énée s'écrie :

> *Obstipui, steteruntque comæ et vox faucibus hæsit.*
> *"Je demeurai immobile d'étonnement ; mes cheveux se dressèrent, ma voix s'arrêta dans mon gosier."*

Cette image a été souvent employée par les poètes pour peindre l'étonnement, la stupeur :

"Nous donnons le nom de faucet à la voix de tête, parce qu'elle n'est point formée dans la poitrine, mais *inter fauces*, dans la gorge, témoin cet hémistiche : *Vox faucibus hæsit*, cent fois répété par Virgile et les autres poètes latins. Vous voyez que ce mot faucet, d'origine antique, n'offre aucun rapport avec les qualités justes ou fausses de la voix." (Castil-Blaze.)

Pierre Larousse (*Grand dictionnaire universel du XIXe siècle*)

§ 49. Différence entre l'Idée et le Concept.

Unitas ante rem ; in re ; post rem

Avant l'objet, dans l'objet, après l'objet.

Phraséologie utilisée par les philosophes *scolastiques* dans la longue et controversée question des universaux, pour spécifier trois positions différentes et distinctes: *ante rem*, l'universel existe dans l'esprit de Dieu et par conséquent il est antérieur à l'objet dont il constitue la forme; *in re*, l'universel est abaissé dans l'objet et constitue son essence; *post rem*, l'universel est formé dans l'esprit humain après avoir connu l'objet et est donc après lui.

Imitatores, servum pecus !

Imitateurs, troupeau servile !

§ 51. LA POÉSIE :

Εν δ᾽ επεσ᾽ Ωκεανῳ λαμπρον φαος ἠελιοιο,
Ἑλκοννυκτα μελαιναν επι ζειδωρον αρουραν

(En d᾽ epes᾽ Ōkeanō lampron phaos hēelioio,
Helkonnukta melainan epi zeidōron arouran

"Occidit vero in Oceanum splendidum lumen solis,
Trahens noctem nigram super almam terram"

" La vive lumière du soleil tomba dans l'Océan,
Traînant la nuit noire sur la terre nourricière."

Iliade Chant VIII vers 485

Ein saufter Wind vom blauen Rimmel weht,
Die Myrte slill und hoch der Lorbeer steht.

Un vent doux souffle du ciel bleu,
Le myrte se tait, et le laurier se dresse immobile

(Gœthe)

Mediocribus esse poetis
Non homines, non Di, non concessere columnæ.

D'être médiocres, nul ne l'a jamais permis aux poètes,
Ni les hommes, ni les dieux, ni les piliers des libraires.

Horace, (*Art poétique*, v. 372)

Was sich nie und nirgends hat begeben,
Das allein veraltet nie

   Ce qui n'est jamais et nulle part arrivé
   Cela seul ne vieillit pas.

Schiller

I live not in myself, but I become
Portion of that around me ; and to me
High mountains are a feeling.

   Ce n'est pas en moi-même que je vis : je deviens
   Une partie de ce qui m'entoure, et pour moi
   Les hautes montagnes sont un état d'âme

Childe Harold, III, 72

Pues el delito mayor
Del hombre es haber nacido.

   Car le plus grand crime
   De l'homme, c'est d'être né.

Calderon (*La vie est un songe*, I, 2)

§ 52. LA MUSIQUE.

Exercitium arithmeticæ occultum nescientis se numerare animi

   Un exercice d'arithmétique inconscient, dans lequel l'esprit ne sait pas qu'il compte.

Leibniz, Lettres, collection Kortholt : lettre 154.

Principium individuationis.

   Le **principe d'individuation** est une "expression scolastique désignant ce qui confère à un individu, au sein de l'espèce à laquelle il appartient, son existence singulière et le différencie de tout autre de la même espèce."[1] "C'est ce qui fait qu'un être possède une existence concrète, singulière et stable, qui permet de le distinguer tant des objets environnants que des autres objets de même espèce."[2]

[1] Christian Godin, *Dictionnaire de philosophie*, Fayard, 2004, p. 649.

[2] Dina Dreyfus et Florence Khodoss, *Hume. L'homme et l'expérience*, PUF, 1967, p. 91.

Η των μελων κινησις μεμιμηενη, εν τοις παθημασιν οταν ψυχη γινηται

(ē tōn melōn kinēsis memimēenē, en tois pathēmasin otan psukhē ginētai)

Le mouvement des airs de musique imitant les passions de l'âme

Platon (*De legibus*, VII)

Δια τι οι ρυθμοι και τα μελη φωνη ουσα ηθεσιν εοικε

(Dia ti oi ruthmoi kai ta melē phōnē ousa ēthesin eoike)

Comment le rythme, comment les airs musicaux, comment en définitive de simples sons, peuvent-ils arriver à représenter les sentiments ?

Aristote (*Probl.*, c. 19.).

Universalia post rem ; universalia in re ; universalia ante rem

Avant l'objet, dans l'objet, après l'objet.

Phraséologie utilisée par les philosophes *scolastiques* dans la longue et controversée question des universaux, pour spécifier trois positions différentes et distinctes: *ante rem*, l'universel existe dans l'esprit de Dieu et par conséquent il est antérieur à l'objet dont il constitue la forme; *in re*, l'universel est abaissé dans l'objet et constitue son essence; *post rem*, l'universel est formé dans l'esprit humain après avoir connu l'objet et est donc après lui.

Musica est exercitium metaphysices occultum nescientis se philosophari animi.

La musique est un exercice de métaphysique inconscient, dans lequel l'esprit ne sait pas qu'il fait de la philosophie.

Τω αριθμω δε τα παντ' επεοικεν. (Tō arithmō de ta pant' epeoiken.)

Numero cuncta assimilantur.

Toutes choses sont semblables au nombre.

Sextus Empiricus (*Adversus mathem.*, liv. VII)

Tempore quo cognitio simul advenit,
Amor e medio supersurrexit.

L'Intelligence étant survenue,
En même temps du sein des choses s'éleva l'amour.

(*Oupnekhat*, traduction d'Anquetil Duperron, II, 216.)

§ 54. DE LA VOLONTÉ DE VIVRE.

Natura non contristatur

La nature ignore l'affliction

Nunc stans

Un *maintenant toujours permanent* ou un *instant éternel.*

Quid fuit ? Qu'est-ce qui a été ?

Quod est Ce qui est

Quid erit ? Qu'est-ce qui sera

Quod fuit Ce qui a été

Scholastici docuerunt, quod aeternîtas non sit temporis sine fine aut principio suceessio : sed nunc stans ; id est, idem nobis nunc esse, quod erat nunc Adamo : id est inter nunc et lune nullam esse differentiam

"L'École nous apprend que l'éternité n'est pas l'écoulement d'un temps sans fin ni commencement : elle est un présent stable ; autrement dit, maintenant a pour nous le même sens que maintenant pour Adam ; c'est-à-dire qu'entre maintenant et alors, il n'y a point de différence."

(Hobbes, *Leviathan*, c. 46.)

§ 55. Du caractère.

Liberum arbitrium indifferentiæ

Pouvoir de choisir ou de ne pas choisir un acte

La scolastique a considérablement réélaboré ce concept inventé par Saint Augustin, en s'appuyant sur Aristote. Les Grecs ignoraient le **libre arbitre**, n'ayant pas la notion de volonté mais plutôt celle d'acte volontaire, étudiée au troisième livre de l'Éthique à Nicomaque.

Dans ce livre, Aristote définit le volontaire par l'union de deux facultés : la spontanéité du désir (*agir par soi-même*), dont le contraire est la contrainte, et l'intentionnalité de la connaissance (*agir en fonction d'une cause et en connaissant cette cause*), dont le contraire est l'ignorance. Ainsi, j'agis volontairement quand :

a) *j'agis spontanément* (je trouve alors le principe de mes actes à l'intérieur de moi-même, contrairement à l'individu qui est emmené pieds et poings liés par des ravisseurs), et

b) *j'agis en sachant ce que je fais* (contrairement à celui qui administre à un patient un poison en croyant sincèrement lui administrer un remède, parce que le pharmacien a interverti les étiquettes).

Le volontaire suppose ainsi l'union de la spontanéité et de l'intentionnalité ; il est la condition de la responsabilité morale de l'individu (je ne saurais être tenu pour responsable du fait d'avoir quitté mon pays quand j'ai été enlevé par des agresseurs auxquels il m'était matériellement impossible d'échapper, ou quand j'ai franchi par mégarde une frontière qui n'était pas clairement signalée, en ayant eu l'intention de rester sur le territoire national). Ces analyses aristotéliciennes ont été fondamentales pour l'élaboration scolastique du concept de libre arbitre. Les théologiens chrétiens retiendront d'Aristote la notion de libre arbitre comme associant la volonté (spontanéité) et la raison (intentionnalité), et comme fondant la responsabilité de l'individu devant les lois morales, pénales et divines.

La scolastique définit traditionnellement le ***liberum arbitrium*** comme *facultas voluntatis et rationis* (faculté de la volonté et la raison : cf. Saint Thomas d'Aquin, Somme théologique, I, q. 82, a.2, obj. 2). Cette expression est exacte si elle désigne la collaboration de ces deux facultés dans la genèse de l'acte libre, mais erronée en un sens plus technique. À proprement parler, le libre arbitre est une puissance de la volonté (ibid., q. 83, a. 3) ; mieux, elle est la volonté elle-même en tant que la volonté opère des choix. Le libre arbitre, en son essence, n'est autre que la volonté dans la libre disposition d'elle-même ; vouloir, c'est décider librement, et c'est donc être libre. L'acte libre répond au schéma suivant : la volonté éprouve le désir d'un bien (*appétition*), qui constitue la fin de l'action ; elle sollicite la raison à délibérer sur les moyens de parvenir à ce bien (*délibération*), mais c'est à elle qu'appartient de choisir le moyen qui lui semble le plus approprié (*electio* en latin, qui signifie *choix*) pour parvenir à cette fin, de mouvoir le corps pour mettre en œuvre ces moyens (l'action à proprement parler), et de jouir du bien obtenu (*fruition*). C'est donc la volonté (plus que la raison) qui joue le rôle moteur et elle ne parviendrait à rien sans le concours de la raison. Dans ce schéma de l'action, le libre arbitre se manifeste tout particulièrement dans le choix, que Thomas d'Aquin définissait comme *l'actus proprius* (*l'acte éminent* ou *l'acte propre*) du liberum arbitrium.

Le concept de libre arbitre a fait l'objet de trois catégories de critiques, l'une *théologique* (attribuer à l'homme un libre arbitre, n'est-ce pas nier ou du moins, minimiser le rôle de la grâce divine dans l'œuvre du salut ?), l'autre *philosophique* (le libre arbitre ne revient-il pas à nier l'influence des motifs ou des mobiles qui déterminent nos choix et nos actions ?), et la dernière d'ordre soit *psychanalytique* (le libre arbitre n'est possible que si l'on est en mesure de dominer son inconscient) soit de ce que l'on appelle les sciences humaines. La première critique est motivée par le "prédestinationisme" : elle aboutit aux querelles autour de la prédestination caractéristiques de la Réforme dans sa version calviniste. La seconde est motivée par le "nécessitarisme" (mais aussi, dans une mesure plus complexe le "rationalisme"), le fatalisme et le déterminisme.

Wikipédia

Το γαρ ἦθος απο του εθους εχει επωνυμιαν ηθικη γαρ καλειται δια το εθιζεσθαι

To gar thēos apo tou ethous ekhei epōnumian ēthikē gar kaleitai ethizesthai

C'est de ἔθος, habitude, que le caractère, ἦθος, tire son nom, et l'éthique tire le sien de ἐθίζεσθαι, créer une habitude.

Aristote (*Grande Morale*, I, VI)

Velle non discitur

Vouloir ne s'apprend pas

Sénèque

Διδακτην ειναι την αρετην

(Didaktēn einai tēn aretēn)

La vertu peut s'apprendre

Causa finalis movet non secundum suum esse reale, sed secundum suum esse cognitum.

L'action de la cause finale ne dépend pas de ce qu'elle a d'être réel, mais de la portion de son être qui est connue.

Ταρασσει τους ανθρωπους ου τα πραγματα, αλλα τα περι των πραγματων δογματα

(Tarassei tous anthrōpous ou ta pragmata, alla ta peri tōn pragmatōn dogmata)

Ce qui trouble les hommes, ce ne sont pas les choses, c'est l'opinion qu'ils s'en font.

Épictète (Pensée, V)

λόγος ἀργός

Le sophisme paresseux

Θυμον ενι στηθεσσι φιλον δαμασαντες αναγκη.

Domptant dans notre poitrine notre cœur : car tel est le destin.)

Homère, (Iliade, XVIII, v. 113.)

Optimus ille animi vindex, lædentia pectus
Vincula qui rupit, dedoluitque semel

C'est là vraiment se conquérir soi-même, de briser les chaînes qui nous meurtrissent le cœur, et d'en finir d'un coup avec le regret.

Ovide, (Remèdes à l'amour, 293.)

§ 56. Dessein de la suite de ce livre.

Qui auget scientiam, auget et dolorem.

Qui accroît sa science, accroît aussi sa douleur.

§ 57. La vie humaine est la plus douloureuse forme de la vie.

Qualibus in tenebris vitæ, quantisque periclis,
Degitur hocc' ævi, quodcumque est.

Au milieu de quels dangers de quelles ténèbres, ne se passe point ce peu qui nous est accordé de vie.

(Lucrèce, II, 15.)

Panem et circenses !

Du pain et des jeux !

Πηλειδης δ'ωμωξεν, ιδων εις ουρανον ευρυν.

(Pēleidēs d'ōmōxen, idōn eis ouranon eurun.)
Alors le fils de Pelée gémit, les yeux levés, vers le ciel immense.

Homère, (*Iliade*, XXI, v. 272.)

Ζηνος μεν παις ηα Κρονιονος,
Λυταρ οιζυν Ειχον απειρεσιην.

(Zēnos men pais ēa Kronionos, Autar oizun Eikhon apeiresiēn.)
J'étais enfant de Jupiter, le fils de Kronos ;
Et pourtant la douleur que je sentais était infinie.

Homère, *Odyssée*, XI, v. 620.)

δυσκολία
difficulté

εὐκολία

incohérence

πρυτανεύουσα   (prutaneúousa)

"Faisant le prytane". Allusion aux *prytanes athéniens*, qui, à tour de rôle et durant un jour, tenaient les clefs du Trésor, et remplissaient d'autres fonctions jadis royales.

Dans la démocratie athénienne, les Prytanes sont des magistrats issus des Cinq-Cents élus de la Boulè ; ils exercent un rôle politique central, mais leur pouvoir est limité. Ils assument les missions d'organisation et d'encadrement du fonctionnement des institutions.

La Boulè est composée de 500 bouleutes, 50 par tribu. Les 50 délégués de chaque tribu exercent collectivement durant l'un des dix mois de l'année athénienne (trente-six jours) la magistrature de prytanes : c'est la prytanie de leur tribu.

À partir de la révolution isonomique de Clisthène, les prytanes résident jour et nuit, accommodés, logés et nourris par la cité, dans un bâtiment contigu au Bouleuterion : le Prytanée (τό Πρυτανεῖον). Ils se trouvent ainsi en mesure d'entrer en séance à tout moment. Ce bâtiment public abrite aussi les citoyens que la cité souhaite distinguer de ses honneurs, ainsi que ses invités illustres (ambassadeurs par exemple).

Wikipédia

Exultatio, lætitia insolens

Exultation, joie insolente

Dans la démocratie athénienne, les Prytanes sont des magistrats issus des Cinq-Cents élus de la Boulè ; ils exercent un rôle politique central, mais leur pouvoir est limité. Ils assument les missions d'organisation et d'encadrement du fonctionnement des institutions.

La Boulè est composée de 500 bouleutes, 50 par tribu. Les 50 délégués de chaque tribu exercent collectivement durant l'un des dix mois de l'année athénienne (trente-six jours) la magistrature de prytanes : c'est la prytanie de leur tribu.

À partir de la révolution isonomique de Clisthène, les prytanes résident jour et nuit, accommodés, logés et nourris par la cité, dans un bâtiment contigu au Bouleuterion : le Prytanée (τό Πρυτανεῖον). Ils se trouvent ainsi en mesure d'entrer en séance à tout moment. Ce bâtiment public abrite aussi les citoyens que la cité souhaite distinguer de ses honneurs, ainsi que ses invités illustres (ambassadeurs par exemple).

Wikipédia

Æquam memento rébus in arduis
Servare mentem, non secus in bonis
Ab insolenti temperatam
Laetitia...

Souviens-toi de conserver ton âme égale à elle-même dans les mauvaises passes de la vie ; et dans la prospérité, qu'elle reste modérée, éloignée d'une joie insolente.

Horace, (Odes, II, 3, v. I et suiv.)

Sed, dum abest quod avemus, id exsuperare videtur
Caetera ; post aliud, quum contigit illud, avemus ;
Et sitis aequa tenet vitaï semper hiantes.

Tant que l'objet de nos désirs est loin, il nous semble au-dessus de tout ; l'atteignons-nous, c'est un autre objet que nous souhaitons ; et la soif de vivre qui nous tient bouche béante est toujours égale à elle-même.

(Lucrèce, III, v. 1095 et suiv.)

§ 58. LA SOUFFRANCE EST POSITIVE ;

Suave, mari magno, turbantibus æquora ventis,
E terra magnum alterius spectare laborem :
Non, quia vexari quemquam est jucunda voluptas ;
Sed, quibus ipse malis careas, quia cernere suave est.

Il est doux, quand la mer est forte, quand les vents agitent l'onde, d'assister du rivage aux efforts des marins : non que la souffrance d'autrui soit pour nous une joie véritable ; mais voir de quelles peines on est à l'abri, voilà ce qui est doux.

Lucrèce (De Nat. Rer., I, 1-4)

§ 59. Preuve expérimentale de l'identité de la vie avec la souffrance.

A consummation devoutly to be wish'd
Un achèvement désiré avec ferveur

§ 60. L'affirmation de la volonté.

Οι μεν ευνουχισαντες εαυτους απο πασης αμαρτιας, δια την βασιλειαν των ουρανων, μακαριοι ουτοι εισιν, οι του κοσμου νηστευοντες.

(Oi men eunoukhisantes eautous apo pasēs amartias, dia tēn basileian tōn ouranōn, makarioi outoi eisin, oi tou kosmou nēsteuontes.)

Ceux qui ont retranché d'eux-mêmes toute partie peccante, en vue du royaume des cieux, ceux-là sont bienheureux, qui jeûnent des biens de ce monde.

Clément d'Alexandrie (*Stromates*, III, 15)

Εις ερωτα μεταβεβλησθαι τον Δια, μελλοντα δημιουργειν.

(Eis erōta metabeblēsthai ton Dia, mellonta dēmiourgein.)

Jupiter, quand il voulut faire le monde, se changea en amour

Proclus, (*Commentaire au Timée de Platon*, livre III)

§ 61. De l'égoïsme.

Bellum omnium contra omnes
La guerre de tous contre tous

Hobbes (*De Cive*)

§ 62. DE L'INJUSTICE.

Τελος μεν ουν πολεως το ευ ζην τουτο δ'εστιν το ζην ευδαιμονως και καλως

(Telos men oun poleōs to eu zēn touto d'estin to zēn eudaimonōs kai kalōs)

Le but de la cité, c'est que les citoyens vivent bien ; or vivre bien, c'est vivre d'une vie heureuse et belle.

Aristote (Politique, III)

Salus publica prima lex esto

Que la première des lois soit le salut public

Hobbes

If this be proved, you, the said N. N., ought to be punished with pains of law, to deter others from the like crimes, in all time coming

Si la preuve est faite, vous, le nommé Un Tel, devrez être puni selon la rigueur de la loi, afin de détourner, les autres du même crime, dans tous les temps à venir.

Formule d'accusation (*indictment*)

Nemo prudens punit, quia peccatum est ; sed ne peccetur

Aucun sage ne punit parce qu'une faute a été commise, mais pour qu'il n'en soit plus commis.

(De ira, I, 16)

§ 63. DE LA JUSTICE UNIVERSELLE.

Δοκειτε πηδαν τ'αδικηματ εις Θεους
Πτεροισι, καπειτ εν Διος δελτου πτυχαις
Γραφειν τιν αυτα, Ζηνα δ'εισορωντα νιν
Θνητοις δικαζειν ; Ουδ ο πας αν ουρανος

Διος γραφοντος τας βροτων αμαρτιας
Εξαρκεσειεν, ουδ εκεινος αν σκοπων
Πεμπειν εκαστω ζημιαν αλλ η Δικη
Ενταυθα που στιν εγγυς, ει βουλεσθ οραν.

> (Dokeite pēdan t'adikēmat eis Theous
> Pteroisi, kapeit en Dios deltou ptukhais
> Graphein tin auta, Zēna d'eisorōnta nin
> Thnētois dikazein ? Oud o pas an ouranos
> Dios graphontos tas brotōn amartias
> Exarkeseien, oud ekeinos an skopōn
> Pempein ekastō zēmian all ē Dikē
> Entautha pou stin engus, ei boulesth oran)

Croyez-vous que les actions injustes montent au séjour des Dieux
>Portées sur des ailes, et que là chez Jupiter sur des tablettes
>Quelqu'un les inscrit, après quoi Jupiter les voyant -
>Rend la justice aux mortels ? Mais le ciel entier lui-même,
>Si Jupiter écrivait les fautes des vivants,
>Ne suffirait pas, et le Dieu lui-même n'arriverait ni à lire
>Ni à répartir les punitions. Allez, la Justice
>Est quelque part ici près : ouvrez seulement les yeux.

Ce fragment est tiré d'une tragédie perdue d'Euripide, intitulée Melanippe ou la Captive. Il est classé sous le numéro 508 dans l'édition de Naucke (Teubner).

(Euripide ap. Stob. Églogues, I, c. IV)

Pues el delito mayor
Del hombre es haber nacido.

>Car le plus grand crime
>De l'homme, c'est d'être né.

Calderon (*La vie est un songe*, I, 2)

Non assumes iterum existentiam apparentem
>Tu ne reprendras pas l'existence phénoménale.

§ 66. TOUTE MORALE ABSTRAITE EST STÉRILE.

Velle non discitur
Vouloir ne s'apprend pas

Sénèque

§ 67. TOUTE BONTÉ EST, AU FOND, PITIÉ.

Benevolentia nihil aliud est quam cupiditas ex commiseratione orta.
La bienveillance n'est qu'un désir né de la pitié.

(*Éthique*, III, pr. 27, cor. 3, scholie)

I vo pensando : e nel pensar m'assale
Una pietà si forte di me stesso,
Che mi conduce spesso,
Ad alto lagrimar, ch'i non soleva.

Je m'en vais pensif : et dans ce penser, m'envahit
Une si grande pitié pour moi-même,
Que souvent elle m'entraîne
À pleurer tout haut ; à quoi je n'avais pas coutume.

Pétrarque

§ 68. DE LA NÉGATION DU VOULOIR-VIVRE.

Nam omnia præclara tam difficilia quam tara sunt
Car tout ce qui est supérieur est aussi rare que difficile

Spinoza,

Abusus optimi pessimus
  L'abus des choses excellentes est le pire

σμικρὰ καὶ μεγάλα μυστήρια   (smikrà khai megàla mustéria)
  Petits et grands mystères

δεύτερος πλοῦς   (deúteros ploũs)
  Seconde manière de naviguer

§ 70. Comment la volonté peut, à l'instant où elle se nie, agir sur le phénomène, et produire l'ascétisme.

Deus filium suum misit in similitudinem carnis peccati
Dieu a envoyé son fils dans une chair semblable à celle du péché

(Épitre aux Romains VIII, 3)

Non enim caro pecccati erat, quœ non de carnali delectatione nata erat : sed tamen inerat ei similitudo carnis peccati, quia mortalis erat.

Car ce n'est point une chair de péché, car elle n'est point née de la délectation charnelle ; cependant elle ressemblait à la chair du péché car elle était mortelle.

Saint Augustin (Liber LXXXIII, Question 66)

§ 71. Le terme où aboutit la négation du vouloir-vivre est le néant.

Τὴν γὰρ θατέρου φύσιν ἀποδείξαντες οὖσά τε καὶ κατακεκερματισμένην ἐπὶ πάντα τὰ ὄντα πρὸς ἄλληλα, τὸ πρὸς τὸ ὄν ἕκαστον μόριον αὐτῆς ἀντιτιθέμενον ἐτολμήσαμεν εἰπεῖν ὡς αὐτὸ τοῦτό ἐστιν ὄντως τὸ μὴ ὄν.

Cum enim ostenderemus, alterius ipsius naturam esse, perque omnia entia divisam atque dispersam invicem ; tunc partem ejus oppositam ei, quod cujusque ens est, esse ipsum re vera non ens asseruimus.

Car, après avoir démontré que l'autre existe, et qu'il est partagé entre tous les êtres comparés les uns aux autres, nous avons osé dire que c'est chacune de ses parties dans son opposition à l'être, qui est réellement le non-être.

Platon (*Sophiste* 258d)

APPENDICE : CRITIQUE DE LA PHILOSOPHIE KANTIENNE.

2. GRANDEUR DE KANT :

De rerum originatione radicali
> De l'origine radicale de toutes choses

4. KANT VEUT QUE LA MÉTAPHYSIQUE PRENNE SON POINT D'APPUI HORS DE TOUTE EXPÉRIENCE ;

Fatum

> Ἀνάγκη   (Anágkē)
>
> Fatalité, destin.

Dans la mythologie grecque, Ananké (en grec ancien Ἀνάγκη / Anágkē) est à la fois un concept et la personnification de la destinée, la nécessité inaltérable et la fatalité. Dans la mythologie romaine, elle s'appelle *Necessitas* ou encore *fatum* (destin).

5. OBSCURITÉ DU STYLE DE KANT ;
ABUS DE SYMÉTRIE DANS LA STRUCTURE DE SA DOCTRINE.

Quo enim melius rem aliquam concipimus, eo magis determinati sumus ad eam unico modo exprimendam.

> Mieux nous concevons une chose, plus nous sommes portés à l'exprimer sous une forme unique.
>
> Descartes dans sa cinquième lettre.

Exemplar vitiis imitabile

Un modèle dont les défauts sont imitables

Intellectus theoreticus, Intellectus practicus,

Compréhension théorique, Comprhension pratique

7. CONTRADICTION ENTRE LA PREMIÈRE ÉDITION DE LA CRITIQUE DE LA RAISON PURE ET LES SUIVANTES.

Toto genere

En tous points

8. VÉRITÉ PROFONDE DE L'ESTHÉTIQUE TRANSCENDANTALE. VICES DE L'ANALYTIQUE TRANSCENDANTALE.

Πρωτον ψευδος   (prauton pseudos)

Pseudos protons, πρῶτον ψεῦδος , littéralement le ***premier mensonge*** , *erreur fondamentale* , est un concept de logique aristotélicienne . Il se réfère à la première fausse prémisse dans une déduction, qui est généralement suivie par d'autres déclarations fausses, même si elle est formellement correctement inférée.

Exemple:
Tux est un pingouin, donc un oiseau.
Tous les oiseaux peuvent voler. ← *(pseudos protons)*
Par conséquent, Tux peut voler.

10. Kant obéit à cette idée, qu'il entrevoit confusément :

Dictum de omni et nullo

Tout prédicat affirmé ou nié de tous les membres d'un groupe G peut être affirmé ou nié de n'importe quel sous-groupe de G.

Exemple :

(Tous) les chiens sont des mammifères (*mammifère s'applique à tous les chiens*)
(Tous) les colleys sont des chiens
(Tous) les colleys sont des mammifères

Les colleys sont un sous-groupe de chiens et, de ces derniers, il est affirmé qu'ils sont des mammifères.

Εστι δε τινα καὶ ἀλλήλων αἴτια οἷον τὸ πονεῖν τῆς εὐεξίας καὶ αὕτη τοῦ πονεῖν· ἀλλ' οὐ τὸν αὐτὸν τρόπον ἀλλὰ τὸ μὲν ὡς τέλος τὸ δ' ὡς ἀρχὴ κινήσεως.

(Esti de tina kaì allélōn aítia (hoîon tò poneîn [10] tẽs euexías kaì haútē toũ poneîn; all' ou tòn autòn trópon allà tò mèn hōs télos tò d' hōs arkhè kinéseōs.)

Les causes peuvent aussi être réciproques l'exercice, par exemple, est cause de la bonne santé, et la bonne santé l'est de l'exercice; mais avec cette différence, que la bonne santé l'est comme but, et l'exercice, comme principe de mouvement.

Aristote (*Métaphysique* V, 2, Traduction *Alexis Pierron*)

11. Comment Kant a faussement déduit de la catégorie de la subsistance et de l'inhérence le principe de la permanence de la substance.

Φαινομενα   (Phainomena)

Phénomènes

Νοουμενα   (Nooumena)

Noumènes

Νοουμενα φαινομενοις αντετιθη Αναξαγορας

(Nooumena phainomenois antetithē Anaxagoras)

Anaxagore opposait les choses intelligibles aux apparences.

13. Critique de la logique transcendantale.

Quod per se est et quod per se concipitur.

Ce qui est en soi et est conçu par soi.

Spinoza, (*Éthique*, Livre I, déf. 1)

Τι γαρ εστι Πλατων, η Μωσης αττικιζων ?

(Ti gar esti Platōn, ē Mōsēs attikizōn ?)

Qu'est-ce que Platon, sinon un Moïse attique ?

Οιδα σου τους διδασκαλους καν αποκρυπτειν εθελης,... δοξαν την του θεου παρ αυτων ωφελησαι των Εβ ραιων.

(Oida sou tous didaskalous kan apokryptein ethelis,... doxan tin tou theou par afton ofelisai ton Ev raion.)

Je reconnais tes maîtres ; tu as beau les vouloir cacher ; ta doctrine de Dieu, tu l'as puisée aux pures sources hébraïques.

Clément d'Alexandrie (*Exhortation aux Gentils*)

15. Comment Kant s'efforce de rattacher : à la catégorie de la quantité les idées cosmologiques

Μητροδωρος, ο καθηγητης Επικουρου, φησιν ατοπονειναι εν μεγαλω πεδιω ενα σταχυν γεννηθηναι, και ενα κοσμον εν τω απειρω.

> (Mitrodoros, o kathégétés Epikourou, fésin atoponeinai en megalo pedio
> ena stachzn gennéthénai, kai ena kosmon en to apeiro.

Métrodore, le maître d'Épicure, trouve inadmissible que dans un vaste champ il ne pousse qu'un épi, que dans l'infini il ne se produise qu'un monde.

Απειρους κοσμους εν τω απειρω

> (Apeirous kosmous en to apeiro)

Une infinité de mondes dans l'infini.

A parte ante, a parte post.

Ces deux expressions, empruntées à la philosophie scolastique, ne peuvent être comprises l'une sans l'autre. Elles s'appliquent à l'éternité, que l'homme ne peut concevoir qu'en la divisant, pour ainsi dire, en deux parties. L'une n'a pas de bornes dans le passé : c'est l'éternité *a parte ante* : l'autre n'en a pas dans l'avenir : c'est l'éternité *a parte post*. Les philosophes du moyen âge attribuaient à dieu ces deux sortes d'éternité ; mais l'âme, disaient-ils, ne possède que la dernière.

Regressus

Retour, action de faire marche arrière.

Regressus ad infinitum

L'argument de la régression [aussi connu sous le nom diallelus (en latin) et di allelon "grâce ou par l'intermédiaire d'une autre" (en grec)] est un problème épistémologique et, en général, un problème en toute situation où une affirmation doit être justifiée.

Selon cet argument, toute proposition requiert une justification. Cependant, toute justification elle-même exige un support. Cela signifie que quelle que proposition que ce soit peut être interrogée sans fin (à l'infini).

Structure :

En supposant que la connaissance est une croyance vraie justifiée, alors :

1. Supposons que P est un élément de connaissance. Alors P est un une croyance vraie "justifiée".

2. La seule chose qui peut justifier P est une autre affirmation; appelons-la P_1; de telle sorte que P_1 justifie P.

3. Mais si P_1 doit être une justification satisfaisante pour P, on doit alors "connaître" P_1.

4. Mais pour que P_1 soit connu, il doit aussi être une croyance vraie "justifiée".

5. « Cette » justification sera une autre affirmation - appelons-la P_2; de telle sorte que P_2 justifie P_1.

6. Mais si P_2 doit être une justification satisfaisante pour P_1, nous devons alors "savoir" que P_2 est vrai

7. Mais pour que P_2 compte comme connaissance, il doit lui-même être une croyance vraie "justifiée".

8. "Cette" justification sera à son tour une autre affirmation - appelons-la P_3 de telle sorte que P_3 justifie P_2.

9. et ainsi de suite, *ad infinitum*

Wikipédia

Ουκ εστιν ενεργεια ειναι το απειρον... αλλα αδυνατον το εντελεχεια ον απειρον

(Ouk estin energeia einai to apeiron... alla adynaton to entelecheia on apeiron)

L'infini ne saurait jamais être actuel... il est impossible que rien de ce qui est actuel et en Entéléchie soit infini

Aristote (*Métaphysique*, Livre XI, Chapitre 10 §4 et 5)

16. De la liberté et de la chose en soi chez Kant.

Μεταβ ασις εις αλλο γενος

(metav asis eis allo genos)

Passage illégitime d'un genre à un autre

17. Théorie de Kant sur l'idéal transcendant ou idée de Dieu.

Ens realissimum

L'être le plus réel

Pour Spinoza, c'est l'essence universelle des choses finies, *"l'ens realissimum"* possédant une infinité d'attributs, mais qui n'existe que dans les choses comme leur essence générale, et dans lequel toutes les choses existent, comme manières de sa réalité.

Pour Kant, l'abstraction *ens realissimum* désigne un être « ensemble ou fondement de toutes les réalités ». À l'évidence, si un tel être est déterminable (si !), sa description contient le prédicat "appartient à l'être en tant que tel, inconditionnellement" et c'est un idéal transcendantal. Et si cet être est possible, le prédicat de cette possibilité appartient à l'ensemble des prédicats d'existence possible des choses.

Sane in theologia naturali existentiam Numinis e principiis cosmologicis demonstramus. Contingentia universi et ordinis naturæ, una cum impossibilitate casus, sunt scala, per quam a mundo hoc adspectabili ad Deum ascenditur.

C'est à bon droit que nous démontrons dans la théologie naturelle l'existence de l'Être suprême d'après des principes cosmologiques. La contingence de l'univers et de l'ordre de la nature, jointe à l'impossibilité du pur hasard, constituent les degrés par lesquels on s'élève de ce monde des apparences vers Dieu.

Chr. Wolf (Cosmologia generalis)

δημιουργος   (démiourgos)

Un créateur. δημιουργος a donné en français le mot *démiurge*.

18. Réfutation du théisme philosophique par Kant ;

Το δε ειναι ουκ ουσια ουδενι   (To de einai ouk ousia oudeni)

Il n'y a pas d'être qui ait pour toute essence d'exister.

Primus in orbe Deos fecit timor

C'est la crainte qui a créé les dieux.

Pétrone

Scilicet

1. On peut aisément se rendre compte que, il va de soi que, il va sans dire que.
2. Il va de soi, bien entendu, cela s'entend, naturellement.
3. Évidemment, bien sûr … mais.
4. (Dans une réponse) Évidemment, naturellement.
5. (Ironiquement) Sans doute, apparemment.
6. À savoir, savoir.

Wikipédia

neque dabatur tertium.

Il n'y avait pas de troisième option.

19. DE LA MORALE DE KANT.

Νους πρακτικος   (nous praktikos)

   La raison pratique

Ο μεν γαρ πρακτικος εστι λογος, ο δε θεωρητικος.

         (O men gar praktikos esti logos, o de theorétikos.)

   Car la raison est d'une part pratique, d'autre part théorique.

         Aristote (*De anima*, III, 10, et *Polit.*, VII, c. 14)

Intellectus practicus

   L'intellect pratique

   Même si Platon distingue entre vouloir et désirer, Aristote est l'auteur de la distinction séparant la raison pratique (*nous praktikos*) de la raison théorique (*nous theoretikos*). La philosophie scolastique traduit la première expression par *ratio practica*, tout en utilisant également les expressions *intellectus practicus* et *intellectus activus*. Les disciples de C. Wolff n'utilisent pas ces termes dans leurs écrits latins, ni n'en donnent une traduction littérale dans leurs écrits allemands, mais ils établissent une distinction similaire entre cognitio movens et cognitio iners. Kant est sans doute le premier à généraliser l'utilisation de l'expression allemande praktische Vernunft.

     Thèse de Thomas GIRAUD (*la doctrine kantienne du bien et du souverain bien*)

αλογω μοριω της ψυχης   (alogo morio tis psychis)

   La partie irraisonnable de l'âme

λογον εχοντι   (logon echonti)

   La partie raisonnable

Την ηθικην αρετην υπολαμβ ανουσι περι το αλογον μερος γιγνεσθαι της ψυχης, επειδη διμερη προς την παρουσαν θεωριαν υπεθεντο την ψυχην, το μεν λογικον εχουσαν, το δ'αλογον. Και περι μεν το λογικον την καλοκαγαθιαν γιγνεσθαι, και την φρονησιν, και την αγχινοιαν, και σοφιαν, και ευμαθειαν, και μνημην, και τας ομοιους, περι δε το αλογον, σωφροσυνην, και δικαιοσυνην, και ανδρειαν, και τας αλλας τας ηθικας καλουμενας αρετας.

(Την ηθικην αρετην υπολαμβ ανουσι περι το αλογον μερος γιγνεσθαι της ψυχης, επειδη διμερη προς την παρουσαν θεωριαν υπεθεντο την ψυχην, το μεν λογικον εχουσαν, το δ'αλογον. Και περι μεν το λογικον την καλοκαγαθιαν γιγνεσθαι, και την φρονησιν, και την αγχινοιαν, και σοφιαν, και ευμαθειαν, και μνημην, και τας ομοιους, περι δε το αλογον, σωφροσυνην, και δικαιοσυνην, και ανδρειαν, και τας αλλας τας ηθικας καλουμενας αρετας.)

Ils pensent que la vertu éthique concerne la partie de l'âme dépourvue de raison ; en effet, ils supposent, pour la présente discussion, que l'âme se compose de deux parties, l'une douée de raison, l'autre en étant dépourvue.

Stobée (*Éclogues*, II, c. 7)

Video meliora proboque, deteriora sequor.

Je vois le bien, je l'approuve, et je fais le mal.

Ovide, (*Métamorphoses*, VII, 20)

Μηδὲν ἄγαν.   (Medèn ágan)

Ne quid nimis.

Rien de trop.

Maxime inscrite au fronton du temple de Delphes ; elle incite les hommes à garder la juste mesure en toutes choses.

Wikipédia (*Locutions et expressions grecques*)

Nil admirari

Ne t'accroche à rien

N'estime rien d'une manière absolue, ne t'énamoure de rien, ne crois pas que la possession d'une certaine chose donne le bonheur (*Schopenhauer*)

Mots d'Horace (*Épitres*). Cette maxime stoïcienne est d'après lui le principe du bonheur. Ces mots s'emploient souvent dans le sens de *"ne s'étonner de rien"*, et sont pris alors comme la devise des indifférents : ne s'étonner de rien, voilà le seul moyen d'être et de rester heureux.

(*roma-latina.com/locutions/locution4.html*)

αθαμβ ια   (athamv ia)
  intrépidité

ακαταπληξις   (akatapléxis)
  absence d'étonnement

αθαυμασια   (athaumasia)
  impassibilité

λογιμον   (logimon)
λογιστικον της ψυχης   (logistikon tis psychis)
  La partie raisonnable de l'âme.

το λογιμον,   (to logimon)
  ratio
  La raison
η φρόνησις.   (i fronisis)
  L'intelligence, le discernement, la prudence

νους, ου   (nous, ou)
  l'esprit, l'intellect

διάνοια   (dianoia)
  Ce terme peut être traduit en français par pensée, cœur, intelligence,...

contraditio in adjecto

In adjecto

  "Contradictio in adjecto (ou in adiecto)" une contradiction en soi. Un concept contradictoire/incohérent dans la forme. C'est une sorte d'oxymore, ex: "un silence assourdissant", ou encore "un feu humide", etc.

De libertate christiana

De la liberté du chrétien ; *Traité de la liberté chrétienne*

Martin Luther (1483-1546)

Quam temere in nosmet legem sancimus iniquam !

Avec quelle légèreté nous établissons contre nous-mêmes une loi rigoureuse !

Horace, (*Satires*, I, 3, v. 67)

Quod tibi fieri non vis, alteri ne feceris.

Ne fais pas à autrui ce que tu ne voudrais pas qu'on te fît.

Opera operata

Les travaux effectués, les œuvres accomplies.

21. La critique du jugement.

Η δε πλανη γεγονεν αυτοις απο του ηγεισθαι, παντα τα ενεκα του γινομενα κατα προαιρεσιν γενεσθαι και λογισμον, τα δε φυσει μη ουτως οραν γινομενα.

(Ē de planē gegonen autois apo tou ēgeisthai, panta ta eneka tou ginomena kata proairesin genesthai kai logismon, ta de phusei mē outōs oran ginomena.)

Mais chez eux (*Démocrite et Épicure*) l'erreur provenait de ceci ; ils croyaient que tout ce qui se faisait en vue d'une fin ne pouvait reposer que sur un dessein et une réflexion, et pourtant ils constataient que les produits de la nature ne naissaient pas de cette manière.

Schol. in Aristot.

Suppléments aux livres 1 et 2 du premier volume

Chap. 1 — Le point de vue idéaliste.

Cogito ergo sum
> Je pense, donc je suis
>
> René Descartes, *Discours de la Méthode*

ἡ ὕλη ἀληθινὸν ψεῦδος,   (hē húlē alēthinòn pseũdos)
Materia mendacium verax.
> Matière, vérité trompeuse

Χαλεπά τά καλά   (khalepá tha kalá)
> Les belles choses sont difficiles
>
> Platon, *Cratyle, ou De la propriété des noms* [384b]

Ex nihilo
> À partir de rien

Chap. 2 — Supplément à la théorie de la connaissance intuitive ou d'entendement.

Regula falsi
> On appelle ainsi une méthode de résolution algébrique (*regula*) consistant à fournir une solution approchée (*falsi*) conduisant, par un algorithme approprié tirant parti de l'écart constaté, à la solution du problème considéré.

CHAP. 4 — SUR LA CONNAISSANCE *A PRIORI*.

Cogito ergo sum

> Je pense, donc je suis
>
> René Descartes, *Discours de la Méthode*

Τὸ γὰρ αὐτὸ νοεῖν ἐστίν τε καὶ εἶναι (tò gàr autò noeĩn estín te kaì eĩnai)

Nam intelligere et esse idem est

> "Car le pensé et l'être sont une même chose."

> Car (γὰρ) le pensé et l'être (τὸ νοεῖν τε καὶ εἶναι) sont (est) une même chose (ἐστίν αὐτὸ).
>
> Clément d'Alexandrie, *Stromates*, VI, 2, §23

No-entis nulla sunt prœdicata

> Les affirmations à propos du non-être n'ont aucune valeur.

ἐξ οἵων εἰς οἷα   (ex oìōn eís oĩa)

> Une brebis sur le troupeau

In adjecto

> "Contradictio in adjecto (ou in adiecto)" une contradiction en soi. Un concept contradictoire/incohérent dans la forme. C'est une sorte d'oxymore, ex: "un silence assourdissant", ou encore "un feu humide", etc.

ὁ χρόνος ἀριθμός ἐστι κινήσεως   (ho khrónos árithmós ésti kinéseōs)

> Le temps est le nombre du mouvement
>
> Aristote, XIVe chapitre du iie livre de la *Physique*

Terminus ad quem

Limite supérieure d'un intervalle de temps hors duquel un évènement n'a pas pu avoir lieu.

Terminus a quo

Limite inférieure d'un intervalle de temps hors duquel un événement n'a pas pu avoir lieu.

Causa est nobilior suo effectu

La cause est plus noble que son effet

Πᾶν τὸ ἀπό ἀκίνητοῦ γιγνόμενον αἰτίας, ἀμετάβλητον ἔχει τὴν ὕπαοξιν. Πᾶν δὲ τὸ ἀπὸ κινουμένης, μεταβλητήν. Εἴτ γὰρ ἄκίνητόν ἐστι παντῆ τό ποιοῦν, οὐ διά κινησεως, ἀλλ' αὐτῷ τῷ ειναι παράγει τὸ δεύτοῦ

Pãn tò apó akínētoũ gignómenon aitías, ametábleton èkhei tèn húpaoxin. Pãn dè tò apò kinouménēs, metabletén. Eìt gàr ákínēton esti pantẽ tó poioũn, ou diá kinēseōs, all' autõ tõ einai parágei tò deútoũ

Quidquid ab immobili causa manat, immutabilem habet essentiam [substantiam]. Quidquid vero a mobili causa manat, essentiam habet mutabilem. Si enim illud, quod aliquid facit, est prorsus immobile, non per motum, sed per ipsum esse producit ipsum secundum ex se ipso.

Ce qui provient d'une cause immobile est immuable par essence. Ce qui provient d'une cause mobile a pour essence d'être mutable...

Proclus, Institutio theologica, 76

Forma dat esse rei

La forme donne l'existence à la chose.

Forma dat rei essentiam, materia existentiam

La forme donne l'essence (*l'être*) à la chose, la matière lui donne son existence (*sa réalité*).

In abstracto

Dans l'abstrait

Ἀΐδιον εἶναι φῆσιν, εἴ τι ἐστιν, εἴπερ μή ἐνδέχεται γένεσθαι μῆδέν ἐκ μηδενός

Aḯdion eĩnai phḗsin, eí ti estin, heíper mḗ endékhetai génesthai mḗdén ek mēdenós

Æternum esse inquit quidquid est, siquidem fieri non potest, ut ex nihilo quipiam existat

Il soutient que, si quelque chose existe, ce quelque chose doit être éternel, puisque, selon lui, il est impossible que jamais quelque chose naisse de rien.

Aristote, *Traité sur Mélissus, Xénophane, et Gorgias*, [974a]

CHAP. 5 — DE L'INTELLECT IRRATIONNEL.

Natura non facit saltus

La nature ne fait pas de saut

Si vis tibi omnia subjicere, te subjice rationi

Si tu veux te soumettre toutes choses, soumets-toi à la raison

Sénèque, épître xxxvii

CHAP. 7 — DES RAPPORTS DE LA CONNAISSANCE INTUITIVE ET DE LA CONNAISSANCE ABSTRAITE.

Κατ' ἐξοχὲν   (kat' exokhèn)

Par excellence

Fuga vacui

   Une manière de fuir le vide.

For ever reading, never to be read

   Il lit toujours, et ne mérite jamais d'être lu.

   Alexander pope, la *dunciade ou guerre des sots*, livre iii, v. 194.

Πολυμαθία νοῦν οὐ διδάσκει   (polumathía noûn ou didáskei)

   Le savoir n'éduque pas l'esprit

Nihil est in intellectu nisi quod antea fuerit in sensu

   Ou *nihil est in intellectu quod non prius fuerit in sensu.*

   Rien n'est dans l'intellect qui n'ait d'abord été dans les sens

               John locke, *essai sur l'entendement humain* (1690)

Ἕν, πλῆθος, ἀγαθὸν, παράγον καὶ παραγόμενον, αὐταρκὲς, αἴτιον, κρεῖττον, κινητὸν, ακινητὸν, κινούμενον

   Hèn, plḗthos, agathòn, parágon kaì paragómenon, aútarkès, aítion, kreĩtton, kinētòn, akinētòn, kinoúmenon

   L'un, le multiple, le bien, le créant et le créé, l'indépendant, la cause, le meilleur, le mobile, l'immobile, le mû

Θέος   (théos)

   Dieu, divinité

Κρεῖττον   (kreĩtton)

   Le meilleur, le plus fort

Αδικια εστι αφαιρεσις αγαθου το δε αγαθον τι αν ειη αλλο η αρετη; — ἡ δε αρετη αναφαιρετον. Ουκ αδικησεται τοινυν ὁ την αρετην εχων, η ουκ εστιν αδικια αφαιεσις αγαθου ουδεν γα αγαθον αφαιετον, ουδ' αποβλητον, ουδ' ἑλετον, ουδε λῃστον. Ειεν ουν, ουδ' αδικειται χηστος, ουδ' πο του μοχϑηου αναφαιετος γα. Λειπεται τοινυν η μηδενα αδικεισϑαι καϑαπαξ, η τον μοχϑηον πο του μοιου αλλα τ μοχϑηρω ουδενος μετεστιν αγαϑου ή δε αδικια ην αγαϑου αφαιεσις δε μη εχων ,τι αφαιεσϑη, ουδε εις ὁ,τι αδικησϑη, εχει

Adikia esti aphaiꭇesis agathou to de agathon ti an eiē allo ē aꭇetē? – hē de aꭇetē anaphaiꭇeton. Ouk adikēsetai toinun ho tēn aꭇetēn ekhōn, ē ouk estin adikia aphaiesis agathou ouden ga agathon aphaieton, oud' apoblēton, oud' heleton, oude lēiston. Eien oun, oud' adikeitai khēstos, oud' po tou mokhthēou anaphaietos ga. Leipetai toinun ē mēdena adikeisthai kathapax, ē ton mokhthēon po tou moiou alla t mokhthēꭇō oudenos metestin agathou hē de adikia ēn agathou aphaiesis de mē ekhōn ,ti aphaiesthꭉ, oude eis ho,ti adikēsthꭉ, ekhei.

Toute injustice consiste à ôter à autrui un bien: or il n'y a pas d'autre bien que la vertu ; mais la vertu ne peut nous être enlevée : donc il est impossible que l'homme vertueux souffre aucune injustice de la part du méchant. Maintenant de deux choses l'une, ou bien aucune injustice ne peut être soufferte, ou bien elle l'est uniquement par le méchant de la part du méchant. Mais le méchant ne possède aucun bien, puisque la vertu seule est un bien; donc aucun bien ne peut lui être enlevé. Donc le méchant ne peut, lui non plus, souffrir aucune injustice. Donc l'injustice est chose impossible

Maxime de tyr, sermo ii

Convenire

Convenir avec

En tant qu'une chose **convient avec** notre nature, elle ne peut pas être mauvaise.

Spinoza, b., court traité iv, 31

Commune habere

Avoir de commun avec

Nulle chose ne peut être mauvaise par ce qu'elle **a de commun avec** notre nature

Spinoza, b., court traité iv, 30

Instabilis terra, innabilis unda

La terre (n'avait) pas de solidité, l'eau (n'était) pas navigable

Les métamorphoses d'ovide, livre 1er, 15

Monstra per excessum

Monstre par excès

Perturbations dues à l'exagération du développement

Chap. 8 — À propos de la théorie du ridicule.

Utile dulci

(Joindre) l'utile à l'agréable

Oh gran bonta de cavalieri antiqui !

Ô l'admirable loyauté des chevaliers de jadis!

L'orlando furioso de ludovico ariosto

Chap. 9 — À propos de la logique en général.

Concionatio

La harangue

La concionatio, la harangue, se définissait comme un "avertissement en matière civile qui se fait pour affirmer la république"

Notio singularis

Notion singulière

Concept ne pouvant être rempli que par un seul objet

ἐπαγωγή   (epagōgé)

Inductio

Induction

ἀπαγωγή   (apagōgé)

Abduction, déduction

Instantia in contrarium

Exemple contraire

"tous les ruminants ont des cornes" est réfuté par la seule instance du chameau.

Modo ponente < — > modo tollente

Si l'on conclut **de la vérité** de la condition à celle de la conséquence, cela s'appelle faire un syllogisme *"in modo ponente"* ; mais conclure **de la fausseté** de la conséquence à celle de la condition, c'est faire un syllogisme *"in modo tollente"*.

CHAP. 10 — À PROPOS DE LA THÉORIE DU SYLLOGISME.

Nota notæ est nota rei ipsius, et repugnans notæ repugnat rei ipsi

Ce qui convient au caractère d'une chose convient à la chose elle-même ; ce qui contredit au caractère d'une chose contredit aussi à la chose elle-même

Sit altera negans

Une (des deux prémisses) doit être négative

E meris affirmativis nil sequitur

À partir de prémisses affirmatives, on ne peut tirer aucune conclusion.

Cui repugnat nota, etiam repugnat notatum

Ce qui est incompatible avec la cause est également incompatible avec l'effet.

Notato repugnat id cui nota repugnat

Ce qui contredit l'effet contredit la cause.

Cui repugnat nota, etiam repugnat notatum ; notato repugnat id cui nota repugnat.

Deux sujets, qui se trouvent en rapport opposés à un attribut, ont entre eux un rapport négatif.

Tertium comparationis

Tertium comparationis (latin pour "la troisième [partie] de la comparaison") est la qualité que deux choses qui sont comparées ont en commun. C'est le point de comparaison qui a incité l'auteur de la comparaison en question à comparer quelqu'un ou quelque chose à quelqu'un ou quelque chose d'autre en premier lieu.

Ejusdem rei notæ, modo sit altera universalis, sibi invicem sunt notæ particulares ; nota rei competens, notæ eidem repugnanti, particulariter repugnat, modo sit altera universalis.

Si deux attributs sont affirmés d'un sujet, et l'un des deux au moins d'une manière universelle, ils sont affirmés particulièrement l'un de l'autre ils sont au contraire particulièrement niés l'un de l'autre, si l'un des deux répugne au sujet dont l'autre est affirmé ; étant toutefois entendu que l'affirmation et la négation seront universelles.

CHAP. 11 — À PROPOS DE LA RHÉTORIQUE.

Ad hominem

Locution latine signifiant "**à l'homme**". [ne s'emploie que dans l'expression *argument ad hominem*. Cet argument consiste à retourner contre l'adversaire, en vue de le confondre, ses propres actes et ses propres paroles]

Ad rem

Locution latine signifiant "**à la chose**". Répondre ad rem, répondre catégoriquement, d'une manière précise et sans réplique.

Ad hominem — ad personam — ad rem

L'argument *ad hominem* vise tout particulièrement l'opinion d'une personne ou d'un groupe en particulier, les préjugés de la personne de l'adversaire ou de la personne du locuteur; l'argument *ad personam* vise la personne elle-même de l'adversaire en lui opposant ses actes ou ses déclarations, en la mettant en contradiction avec elle-même.

L'argument *ad hominem* s'oppose à l'argument *ad rem*, qui concerne la vérité ou la chose elle-même plutôt que l'opinion. L'argumentation *ad rem* est valable pour toute l'humanité raisonnable, tandis que l'argumentation *ad hominem* se base sur ce que la personne croit ou admet. Elle permet d'argumenter dans le cadre du préjugé, au lieu de le combattre. L'argument *ad hominem* est souvent avancé dans la doctrine et la jurisprudence.

CHAP. 12 — THÉORIE DE LA SCIENCE.

Deductio ad absurdum ou plus exactement *reductio ad absurdum*

Raisonnement par l'absurde ou **apagogie** (du grec ancien *apagôgê*) est une forme de raisonnement logique, philosophique, scientifique consistant soit à démontrer la vérité d'une proposition en prouvant l'absurdité de la proposition complémentaire (ou "contraire"), soit à montrer la fausseté d'une proposition en déduisant logiquement d'elle des conséquences absurdes.

Μέθοδοι δὲ παπαδίδονται·καλλίστη μὲν ἡ διά τῆς ἀναλύσεως ἐπ' ἄρχην ὁμολογουμένην ἀναγούσα τὸ ζητούμενον. ἓν καὶ πλάτων, ὥς φάσι, λαοδάμαντι παρέδωκεν.

Méthodoi dè papadídontai ; καllístē mèn hē diá tễs ánalúseōs ep' árkhēn homologouménēn anagoúsa tò zētoúmenon. hèn καì Plátōn, ốs phási, Laodámanti parédōκen.

Methodi traduntur sequentes : pulcherrima quidem ea, quœ per analysin quœsitum refert ad principium, de quo jam convenit ; quam etiam Plato Laodamanti tradidisse dicitur.

Les méthodes sont donnés ci-après : la méthode la meilleure est celle qui renvoie d'une façon analytique à un principe reconnu celle que l'on désire prouver. C'est ce que, dit-on, Platon l'a transmis à Laodamas.

(In primum Euclidis librum, I. III).

ἐπαγώγη   (epagógē)

   Induction

ἀπαγωγή   (apagōgé)

   Abduction, déduction

Terminus ad hoc

   Le terme adéquat

Noli me tangere

Ne me touche pas, *ou* ne me retiens pas

Adage, tiré de la bible, « **noli me tangere** » provient de l'évangile selon saint jean (xx, 17). **Noli me tangere**– ne me touche pas, est une parole de jésus qui, après la résurrection, aurait interdit à marie madeleine de toucher son corps

(qui agebat,) sicut penelopes proci, quum non possent cum penelope concumbere, rem cum ejus ancillis habuissent ; ita qui philosophiam nequeunt apprehendere, eos in aliis nullius pretii disciplinis sese conterere

Comme les prétendants de pénélope qui, n'ayant pu la séduire elle-même, s'étaient attachés à ses servantes, ceux qui ne pouvaient s'élever jusqu'à la philosophie s'arrêtaient aux autres sciences bien moins estimables qu'elle

Chap. 13 — À propos de la méthodologie des mathématiques.

Ἀγεωμέτρητος μηδεὶς εἰσίτω   (Ageōmétrētos mēdeìs eisítō)

Nul ne doit entrer ici, s'il n'est géomètre.

Chap. 16 — Sur l'usage pratique de la raison pratique et sur le stoïcisme.

Animi impotentia

L'intempérance

Ratio regendæ voluntatis impotens

Incapable de faire preuve de volonté ou de prendre une décision

Animi pertubatio

    Émotion, perturbation de l'âme,

Τὸ δειλότατον ζῷον   (tó deilótaton zóon)

    La plus misérable des créatures

Πᾶν ἐστὶ ἄνθρωπος συμφορή   (pán esti ánthropos symfóra)

    Homo totus est calamitas

    L'homme n'est que vicissitude.

Hérodote [i. 32] clio

Si vis tibi omnia subjicere, te subjice rationi

    Si tu veux te soumettre toutes choses, soumets-toi à la raison

Sénèque, Épître XXXVII

Sustine et abstine

    ἀνέχου καὶ ἀπέχου   (anekhou kai apekhou)

    Supporte et abstiens-toi.

    Maxime des stoïciens traduite du grec ancien qui signifie littéralement "Supporte et abstiens-toi". Elle est attribuée à Épictète (1er siècle et 2ème siècle après J.-C.) mais rapportée par son élève Arrien.

Ὁ φρόνιμος τὸ ἄλυπον διώκει οὐ τὸ ἡδύ.

(ho phrónimos tò álupon diókei, ou tò hēdú)

    L'homme modéré évite les plaisirs.

L'éthique de Nicomaque, Aristote, Traduction Pascale Nau
Livre VII : De la tempérance et du plaisir Chapitre 12 [1152b] (15)

Exponenda sunt nobis argumenta mortalium, quibus sibi ipsi beatitudinem facere in hujus vitæ infelicitate moliti sunt ; ut ab eorum rebus vanis spes nostra quid differat clarescat. De finibus bonorum et malorum multa inter se philosophi disputarunt ; quam quæstionem maxima intentione versantes, invenire conati sunt, quid efficiat hominem beatum : Illud enim est finis bonorum.

Voici expliqués les raisonnements où s'égarent les hommes pour aboutir à se faire une béatitude parmi les misères de cette vie ; ce qui révèle combien il y a de différence entre notre espoir et leurs chimères. Les philosophes ont agité fort diversement la question de la fin dernière où tendent les biens et les maux et se sont donné beaucoup de peine pour trouver ce qui peut rendre l'homme heureux : ceci étant le souverain bien.

Saint Augustin, La cité de Dieu [*De Civitate Dei*], (Livre XIX, Chap. 1)

ἡ εὐδαιμονία ἐν τῷ εὖ ζῆν ἐστίν, τὸ δ᾽ εὖ ζῆν ἐν τῷ κατὰ τὰς ἀρετὰς ζῆν.

(hē eudaimonía en tỗ eũ zēn estín, tò d᾽ eũ zēn en tỗ katà tàs aretàs zēn.)

Être heureux, ou le bonheur ne consiste qu'à bien vivre ; mais bien vivre, c'est vivre en pratiquant les vertus.

Aristote, *La Grande Morale*, Chapitre IV - § 2

Nam cum ea causa impulerit eos qui primi se ad philosophiae studium contulerunt, ut omnibus rebus posthabitis totos se in optumo vitae statu exquirendo conlocarent, profecto spe beate vivendi tantam in eo studio curam operamque posuerunt.

Les premiers hommes, qui se sont appliqués à cette science, étudièrent préférablement à toute autre chose l'art de vivre heureux : et il n'y a que l'espérance d'y parvenir qui les ait portés à faire tant de recherches.

Cicéron, *Tusculanes* V, 1 *"DE LA VERTU : Qu'elle suffit pour vivre heureux"*

Το κατα κακιαν ζην τω κακοδαιμονως ζην ταυτον εστι

(To kata kakian zēn tỗ kakodaimonōs zēn tauton esti)

Vitiose vivere idem est quod vivere infeliciter

vivre immoralement, c'est vivre malheureux

Plutarque (*De Stoicorum repugnantiis*, c. 18)

Ἡ φρονησις ουχ ἑτερον εστι της ευδαιμονιας καθ᾽ ἑαυτο, αλλ᾽ ευδαιμονια.

(Hē phronēsis oukh heteron esti tēs eudaimonias kath' heauto, all' eudaimonia.)

Prudentia nihil differt a felicitate est que ipsa adeo felicitas.

La prudence ne diffère en rien de la félicité car elle est la félicité elle-même.

Plutarque (*De Stoicorum repugnantiis*, c. 26)

Τελος δε φασιν ειναι το ευδαιμονειν, ὁυ ἑνεκα παντα πραττεται.

(Telos de phasin einai to eudaimonein, hou heneka panta prattetai.)

Finem esse dicunt felicitatem, cujus causa fiunt omnia.

On dit que le bonheur est la fin pour laquelle on est prêt à tout.

Stobée (*Eclogæ* lib. II, c. 7)

Ευδαιμονιαν συνωνυμειν τῳ τελει λεγουσι.

(Eudaimonian sunōnumein tō telei legousi.)

Finem bonorum et felicitatem synonyma esse dicunt.

On dit que le bien ultime et le bonheur sont synonymes.

Arrien (*Dissert. Epict.* I, 4)

Ἡ αρετη ταυτην εχει την επαγγελιαν, ευδαιμονιαν ποιησαι.

(Hē aretē tautēn ekhei tēn epangelian, eudaimonian poiēsai.)

Virtus profitetur, se felicitatem præstare.

La vertu peut se vanter de donner le bonheur

Arrien (Dissert. Epict. I, 4)

Ceterum (sapientia) ad beatum statum tendit, illo ducit, illo vias aperit.

D'ailleurs, c'est au bonheur que [la sagesse] tend : à nous y conduire, à nous en ouvrir la route.

Sénèque (*Epist.* 90)

Illud admoneo, auditionem philosophorum, lectionemque, ad propositum beatæ vitæ trahendum.

Ceci pour rappeler qu'il faut entendre et lire les philosophes pour apprendre d'eux le secret de la vie heureuse

Sénèque (Epist. 108)

Της Κυνικης δε φιλοσοφιας σκοπος μεν εστι και τελος, ὡσπερ δη και πασης φιλοσοφιας, το ευδαιμονειν; το δε ευδαιμονειν εν τῳ ζην κατα φυσιν, αλλα μη προς τας των πολλων δοξας.

(Tēs Kunikēs de philosophias skopos men esti kai telos, hōsper dē kai pasēs philosophias, to eudaimonein? to de eudaimonein en tō zēn kata phusin, alla mē pros tas tōn pollōn doxas.)

Cynicæ philosophiæ ut etiam omnis philosophiæ, scopus et finis est feliciter vivere: felicitas vitæ autem in eo posita est, ut secundum naturam vivatur, nec vero secundum opiniones multitudinis.

La philosophie des Cyniques, comme en fait toute philosophie a pour but de conduire à une vie heureuse : toutefois, vivre heureux, c'est vivre en accord avec la nature et non pas en accord avec la multitude.

Julien (VIe oraison)

Cogitandum est quanto levior dolor sit, non habere, quam perdere et intelligemus paupertati eo minorem tormentorum, quo minorem damnorum esse materiam

En réfléchissant combien le chagrin de ne pas avoir est plus léger que celui de perdre ce qu'on a, nous comprendrons que les tourments de la pauvreté sont d'autant moindres, qu'elle a moins à perdre.

Sénèque, De tranquilitate animi, Chapitre VIII

Tolerabilius est faciliusque non acquirere, quam amittere.... Diogenes effecit, ne quid sibi eripi posset, ... qui se fortuitis omnibus exuit.... Videtur mihi dixisse; age tuum negotium, fortuna: nihil apud Diogenem jam tuum est.

Il est plus facile et plus supportable de n'avoir rien acquis que de l'avoir perdu ... Diogène s'était organisé pour qu'on ne pût rien lui voler ... en se dépouillant de tous ses biens ... C'est comme s'iui disait : va faire un tour ailleurs, tu ne trouveras rien ici qui puisse être à toi.

Sénèque, *De tranquilitate animi*, Chapitre VIII

Διογενης εφη νομιζειν ὁραν την Τυχην ενορωσαν αυτον και λεγουσαν; τουτον δ' ου δυναμαι βαλεειν κυνα λυσσητηρα.

(Diogenēs ephē nomizein horan tēn Tukhēn enorōsan auton kai legousan? touton d' ou dunamai baleein kuna lussētēra.)

Diogenes credere se dixit, videre Fortunam, ipsum intuentem, ac dicentem: aut hunc non potui tetigisse canem rabiosum.

Diogène prétendait croire avoir aperçu la Fortune qui le regardait et disait : impossible d'atteindre ce chien enragé.

Stobée (Églogues II, 7)

"Γηράσκει καὶ χαλκὸς ὑπὸ χρόνου, ἀλλὰ σὸν οὔτι
Κῦδος ὁ πᾶς αἰών, διόγενες, καθελεῖ·
Μοῦνος ἐπεὶ βιοτᾶς αὐτάρκεα δόξαν ἔδειξας
Θνατοῖς καὶ ζωᾶς οἶμον ἐλαφροτάταν."

(Gēraskei men khalkos hupo khronou, alla son outi
Kudos ho pas aiōn, Diogenēs, kathelei?
Mounos epei biotēs autarkea doxan edeixas
Thnētois, kai zōēs oimon elaphrotatēn.

*Æra quidem absumit tempus, sed tempore numquam
Interitura tua est gloria, Diogenes:
Quandoquidem ad vitam miseris mortalibus æquam
Monstrata est facilis, te duce, et ampla via.*

*Le temps ronge l'airain; mais ta gloire, ô Diogène,
Vivra dans tous les siècles :
Car seul tu as appris aux mortels à se suffire à eux-mêmes;
Tu leur as montré la route la plus facile du bonheur.*

(dans Suidas au mot Φιλισκος dans *Diogène Laërce*, VI, 2 § 78)

Διογενης εβοα πολλακις λεγων, τον των ανθωπων βιον ραδιον ὑπο των θεων δεδοσθαι, αποκεκρυφθαι δ' αυτον ζητουντων μελιπηκτα και μυρα και τα παραπλησια.

(Diogenēs eboą pollakis legōn, ton tōn anthōpōn bion radion hupo tōn theōn dedosthai, apokekruphthai de auton zētountōn melipēkta kai mura kai ta paraplēsia.)

Diogenes clamabat sæpius, hominum vitam facilem a diis dari, verum occultari illam quærentibus mellita cibaria, unguenta et his similia.

On entendait souvent Diogène répéter que les dieux avaient mis sous la main de l'homme tout ce qu'il fallait pour vivre heureux, mais que l'homme ne l'apercevait pas, occupé qu'il était à courir après les tartes, les onguents et autres choses semblables.

(*Diogène Laërce*, VI, 2 § 44)

Δέον οὖν ἀντὶ τῶν ἀχρήστων πόνων τοὺς κατὰ φύσιν ἑλομένους ζῆν εὐδαιμόνως, παρὰ τὴν ἄνοιαν κακοδαιμονοῦσι..... τὸν αὐτὸν χαρακτῆρα τοῦ βίου λέγων διεξάγειν ὅνπερ καὶ Ἡρακλῆς, μηδὲν ἐλευθερίας προκρίνων.

(Déon oūn antì tōn akhrēstōn ponōn, tous kata phusin helomenous, zēn eudaimonōs? para tēn anoian kakodaimonousi.... ton auton kharaktēra tou biou legōn diexagein, honper kai Hēraklēs, mēden eleuthērias prokrinōn.)

Quum igitur, repudiatis inutilibus laboribus, naturales insequi, ac vivere beate debeamus, per summam dementiam infelices sumus.... eandem vitæ formam, quam Hercules, se vivere affirmans, nihil libertati præferens

Il faut donc, pour vivre heureux, laisser de côté les travaux inutiles, et s'appliquer à ceux qui sont selon la nature ; car le malheur n'a d'autre cause que notre aveuglement.... Il disait lui-même qu'il modelait sa vie sur celle d'Hercule, et considérait la liberté comme le premier des biens.

(*Diogène Laërce*, VI, 2 § 71)

Crates, ut lar familiaris apud homines suæ ætatis cultus est. Nulla domus ei unquam clausa erat: nec erat patris familias tam absconditum secretum, quin eo tempestive Crates interveniret, litium omnium et jurgiorum inter propinquos disceptator et arbiter.

Cratès fut honoré par ses contemporains comme l'était le génie tutélaire de chaque foyer. Jamais aucune maison ne lui était fermée ; un père de famille n'avait pas de secret si intime, que Cratès n'y fût admis et toujours à propos ; il était le conciliateur et l'arbitre par excellence de toutes contestations et de toutes querelles entre parents.

Apulée (Florides Chapitre 22)

Ὅθεν καὶ τὸν κυνισμὸν εἰρήκασι σύντομον ἐπ' ἀρετὴν ὁδόν.

(hothen kai ton Kunismon eirēkasin suntomon ep' aretēn hodon.)

Unde Cynismum dixere compendiosam ad virtutem viam

[Les stoïciens] disaient que le cynisme était le plus court chemin pour arriver à la vertu.

(Diogène Laërce, VI, 9)

Sapiens uno minor est Jove, dives,
Liber, honoratus, pulcher, rex denique regum.

Le sage ne voit que Jupiter au-dessus de lui :

Il est riche, libre, beau, comblé d'honneurs, le roi des rois enfin

Horace, Épîtres I, 1

Ουκ εφ' ἡμιν   (ouk eph' hēmin)

Qui ne dépend pas de nous

Ου προς ἡμας   (ou pros hēmas)

Qui ne nous concernent pas

Τῶν οὐκ ἐφ' ἡμῖν   (tōn ouk eph' hēmĩn)

[des choses qui ne sont] pas de notre ressort

Προηγμένα   (proēgména)

    Un accessoire

ἀγαθά   (agatha)

    Un vrai bien

Ουκ εφ' ἡμιν   (ouk eph' hēmin)

    Qui ne dépend pas de nous

Ου προς ἡμας   (ou pros hēmas)

    Qui ne nous intéresse pas

Si, quid humanarum rerum varietas possit, cogitaverit, ante quam senserit,

    Si vous méditez l'instabilité des choses humaines, avant même de l'avoir subie,

Sénèque (Epist. 68)

ἴσον δε ἐστὶ τὸ κατ' ἀρετὴν ζῆν τῷ κατ' ἐμπειρίαν τῶν φύσει συμβαινόντων ζῆν.

    (Ison de esti to kat' aretēn zēn tō kat' empeirian tōn phusei sumbainontōn zēn.)

Secundum virtutem vivere idem est, quod secundum experientiam eorum, quæ secundum naturam accidunt, vivere.

    Il n'y a pas de différence entre vivre conformément à la vertu et vivre d'après l'expérience du gouvernement de la nature.

Diogène Laërce (VII, 1, 87)

Τουτο γαρ εστι το αιτιον τοις ανθροποις παντων των κακων το τας προληψεις τας κοινας μη δυνασθαι εφαρμοζειν τοις επι μερους,

(Touto gar esti to aition tois anthropois pantōn tōn kakōn to tas prolēpseis tas koinas mē dunasthai epharmozein tois epi merous,)

Hæc enim causa est hominibus omnium malorum, quod anticipationes generales rebus singularibus accommodare non possunt

Là, en effet, est la cause de tous les malheurs des hommes : ils ne savent pas appliquer les concepts généraux aux faits particuliers

Arrien (Comment. Épictète Livre IV, 1. 42)

Ει ξενος κοσμου ὁ μη γνωριζων τα εν αυτῳ οντα, ουχ ἡττον ξενος και ο μη γνωριζων τα γιγνομενα

(Ei xenos kosmou ho mē gnōrizōn ta en autǭ onta, oukh hētton xenos kai o mē gnōrizōn ta gignomena)

Si l'on est étranger dans le monde, quand on ne connaît pas ce qui s'y trouve, on ne l'est pas moins quand on ne sait pas ce qui y arrive

Marc-Aurèle (Méditations IV, 29)

Ουκ εφ᾽ ἡμιν   (ouk eph᾽ hēmin)

   Pas en notre pouvoir

Εφ᾽ ἡμιν   (ouk eph᾽ hēmin)

   En notre pouvoir

Κατα φυσιν ζην   (kata phusin zēn)

   En harmonie avec la vie naturelle

Nihil interest utrum non desideres, an habeas. Summa rei in utroque est eadem: non torqueberis

Aucune différence entre ne pas désirer et posséder; dans les deux cas le résultat est le même : tu ne te tourmentes pas.

Sénèque (lettre à lucilius, 119)

Solum habere velle, summa demenlia est.

Ne serait-ce que désirer posséder est la plus grande des folies.

Cicéron, *tusculanes* iv, 26

Ου γαρ εκπληρωσει των επιθυμουμενων ελευθερια παρασκευαζεται, αλλα ανασκευη της επιθυμιας.

(ou gar eklērōsei tōn epithumoumenōn eleutheria paraskeuazetai, alla anaskeuē tēs epithumias.

Non enim explendis desideriis libertas comparatur, sed tollenda cupiditate.

Car ce n'est pas la satisfaction du désir, mais sa disparition qui mène à la liberté.

Arrien (iv, 1)

Ομολογουμένως [τη φύσει] ζην   (omologouménōs [tē phúsei] zēn)

Vivre de la nature

Perfecta virtus est æqualitas et tenor vitæ per omnia consonans sibi

La perfection, c'est joindre à ces efforts l'égalité, l'uniformité d'une conduite sans cesse en harmonie avec elle-même

Sénèque (Lettre à Lucilius 31)

Quid est beata vita? Securitas et perpetua tranquillitas. Hanc dabit animi magnitudo, dabit constantia bene judicati tenax.

Qu'est-ce que la vie heureuse? C'est la sécurité, c'est un calme perpétuel. C'est ce que nous donneront grandeur d'âme et persévérance à exécuter les décisions d'un jugement sain.

Sénèque (Lettre à Lucilius, 92)

Καθηκοντα

Officia

Ce qu'il appartient à un homme raisonnable de faire

Quid est Deus? Mens universi. Quid est Deus? Quod vides totum, et quod non vides totum. Sic demum magnitudo sua illi redditur, qua nihil majus excogitari potest: si solus est omnia, opus suum et extra, et intra tenet.

Qu'est-ce que Dieu? L'âme du monde. Qu'est-ce que Dieu ? Tout ce que vous voyez et tout ce que vous ne voyez pas. Ainsi, l'Être suprême recouvre sa grandeur, qui doit être infinie, puisque seul il est tout, puisqu'à la fois il remplit et contient son ouvrage.

Sénèque (*Questions Naturelles* 1, *præfatio*13.)

CHAP. 17 — SUR LE BESOIN MÉTAPHYSIQUE DE L'HUMANITÉ.

Δια γαρ το θαυμαζειν οι ανθρωποι και νυν και το πρωτον ηρξαντο φιλοσοφειν.

Dia gar to thaumazein oi anthrōpoi kai nun kai to prōton ērxanto philosophein.

Propter admirationem enim et nunc et primo inceperunt homines philosophari.

En effet, c'est l'étonnement qui poussa, comme aujourd'hui, les premiers penseurs aux spéculations philosophiques

Aristote, (*Métaphysique*)

nervis alienis mobile lignum

Une marionnette mise en mouvement par des ressorts étrangers

Ultima ratio theologorum

L'argument ultime des théologiens.

Sensu proprio

Au sens propre

Sensu allegorico

Au sens symbolique

Prorsus credibile est, quia ineptum est… certum est, quia impossibile

Cela est tout à fait croyable, parce que c'est absurde… cela est certain parce que c'est impossible

Tertullien *(De carne Christi,* c. 5)

Φιλοσοφον πληθος αδυνατον ειναι (philosophon plēthos adunaton einai)

Il est impossible que la foule soit formée aux choses de l'esprit.

Platon, *(La République* IV)

Impliciter, bona fide et sensu proprio

Profondément, de bonne foi et au sens littéral

There is a description of their conversation on the subject of creation, – by whom was the world made. Shahya asks several questions of Brahma, – whether was it he, who made or produced such and such things, and endowed or blessed them with such and such virtues or properties, – whether was it he who caused the several revolutions in the destruction and regeneration of the world. He denies that he had ever done anything to that effect. At last he himself asks Shakya how the world was made, – by whom ? Here are attributed all changes in the world to the moral works of the animal beings, and it is stated that in the world all is illusion, there is no reality in the things ; all is empty. Brahma being instructed in his doctrine, becomes his follower

"On nous décrit leur entretien qui a pour objet la création, – par qui le monde a-t-il été produit ? Buddha pose plusieurs questions à Brahma : est-ce lui qui a fait ou produit tel ou tel objet, qui l'a doué de telle ou telle qualité ? – Brahma nie qu'il ait jamais fait quelque chose de pareil. Enfin il demande lui-même à Buddha, comment le monde a été produit, – et par qui ? Et alors tous les changements dans le monde sont attribués aux œuvres morales d'êtres animés, et il est dit que dans le monde tout n'est qu'illusion, qu'il n'y a aucune réalité dans les objets, que tout est vide, le Brahma ainsi instruit de la doctrine de Buddha devient son adepte."

(Asiatic researches, vol. 20, p. 434)

Θαυμαζειν, μαλα φιλοσοφικον παθος

(thaumazein, mala philosophikon pathos)

L'étonnement, ce sentiment tout à fait propre au philosophe

Platon

Expediens ad hoc

Le palliatif approprié.

Punctum pruriens

Le point sensible *(mot-à-mot : le point qui gratte)*

Toto genere

En tous points

Ει μεν ουν μη εστι τις ετερα ουσια παρα τας φυσει συνεστηκυιας, η φυσικη αν ειη πρωτη επιστημη ει δε εστι τις ουσια ακινητος, αυτη προτερα και φιλοσοφια πρωτη, και καθολου ουτως, οτι πρωτη και περι του οντος η ον, ταυτης αν ειη θεωρησαι.

Ei men oun mē esti tis etera ousia para tas phusei sunestēkuias, ē phusikē an eiē prōtē epistēmē ei de esti tis ousia akinētos, autē protera kai philosophia prōtē, kai katholou outōs, oti prōtē kai peri tou ontos ē on, tautēs an eiē theōrēsai.

Si igitur non est aliqua alia substantia praeter eas quae natura consistunt, physica profecto prima scientia esset: quodsi autem est aliqua substantia immobilis, haec prior et philosophia prima, et universalis sic, quod prima; et de ente, prout ens est, speculari hujus est.

S'il n'y avait pas d'autre substance que celles qui sont constituées par la nature, la physique serait la première des sciences. Mais s'il existe une substance immobile, la science de cette substance doit être antérieure et doit être la philosophie première ; et elle est universelle de cette façon, parce que première. Et ce sera à elle de considérer l'être en tant qu'être.

Aristote, (Métaph, V, I.)

Natura naturata

La nature qui a été créée

Natura naturans

La nature qui créée

Argument *ex concessis*

Ou argument *ad hominem* peut être un *"argument qui consiste surtout à retourner contre l'adversaire ses propres assertions, concessions ou actions"*

Ce peut être aussi un argument fallacieux du genre :

Être végétarien est anti-américain, la preuve, Hitler était végétarien !

ens extramundanum
> Un être en dehors du monde

Το μετα το φυσικον   (to meta to fysikon)
> Au-delà du naturel

CHAP. 18 — COMMENT LA CHOSE EN SOI EST CONNAISSABLE.

ἡ ὕλη ἀληθινὸν ψεῦδος   (hē húlē alēthinòn pseũdos)
> *Materia mendacium verax*
> La matière est une illusion, pourtant elle existe.

πρῶτον ψεῦδος   (prõton pseũdos)
> Une première erreur *(dans un raisonnement faux)*
>> Aristote, *Premiers analytiques*, Livre II, Chap. 18

ὕστερον πρότερον   (hústeron próteron)
> Faire de l'effet la cause

CHAP. 19 — DU PRIMAT DE LA VOLONTÉ DANS LA CONNAISSANCE DE NOUS-MÊMES.

Πρωτότυπος   (protótypos)
> L'original

ἔκτυπος   (éktypos)
> Ectype (nom fém.) : *terme d'antiquaire*. Copie, empreinte d'une médaille, d'un cachet.

Κατ' ἐξοχήν   (kat' exochín)
   Par excellence.

Ἡγεμονικόν   (égemonikón)
   La faculté principale.

Γνῶτι σαυτόν   (gnõti sauton)
   Connais-toi toi-même.

Αὐτόματος   (autómatos)
   Se meut d'elle-même (auto – mobile).

ἀκάματος καὶ ἀγέρατος ἤματα πάντα
                              (akámatos καὶ agératos hémata pánta)
   Lassitudinis et senii expers in sempiternum
   Infatigable et toujours jeune.

Mania sine delirio
   Démence sans délire.

Primum mobile
   Le premier moteur

Vis medicatrix naturæ
   Le pouvoir curatif de la nature.

Such as we know is false, yet dread in sooth,
because the worst is ever nearest truth
   Nous craignons sérieusement ce que nous reconnaissons comme faux,
   parce que c'est le pire qui se rapproche toujours le plus de la vérité.
                              Byron, *(lara, ch. 1.)*

Intellectus luminis sicci non est ; sed recipit infusionem a voluntate et affectibus, id quod generat ad quod vult scientias : quod enim mavult homo, id potius credit. Innumeris modis, iisque interdum imperceptibilibus, affectus intellectum imbuit et inficit.

L'intellect est une lampe qui n'éclaire pas sans combustible mais qui reçoit son alimentation de la volonté et des passions; c'est ainsi qu'il se fait une science à son goût, car la vérité que l'homme reçoit le plus volontiers c'est celle qu'il désire. Des passions innombrables pénètrent l'esprit de toutes parts et corrompent imperceptiblement le jugement.

Francis bacon (novum organum 1, 49)

Vexatio dat intellectum

Les vexations accroissent l'intelligence

Furor brevis

Courte folie

Ira furor brevis est

La colère est une courte folie.

Horace, (épîtres , i,2,62)

Stat pro ratione voluntas

Ma volonté me dispense de donner des raisons

No hay simple, que no sea malicioso

il n'est pas de sot qui ne soit méchant

Balthazar Gracian (Discreto)

Nunca la necedad anduvo sine malicia

La sottise ne va jamais sans la méchanceté

Omnis animi voluptas, omnisque alacritas in eo sita est, quod quis habeat quibuscum conferens se, posset magnifice sentire de se ipso.

Tout plaisir et toute joie de l'âme provient de la comparaison qu'on fait de soi-même avec d'autres et de l'orgueil qu'on en peut tirer.

Thomas Hobbes, (*De Cive*, I, 5)

There is nothing by which a man exasperates most people more, than by displaying a superior ability of brilliancy in conversation. They seem pleased at the time ; but their envy makes them curse him at their hearts

Il n'est rien qui contrarie autant le monde que de se montrer d'une supériorité brillante dans la conversation. Sur le moment la compagnie feint d'y trouver son plaisir : mais au fond du cœur on maudit par jalousie ce causeur étincelant.

James Boswell

The wisest, brightest, meanest of mankind

Le plus sage, le plus brillant et le plus abject des hommes.

Pope, (*Essay on man*, IV, 282)

Da coloro, che pongono l'ingegno e il sapere al di sopra di tutte le umane qualilà, questo uomo sarà riguerdato como fra i più grandi del suo secolo ma da quelli, che reputano la virtù dovere andare innanzi a tutto, non pottra excrarsi abbastanza la sua memoria. Esso fu il più crudele fra i citadini a perseguitare, uccidere e confinare ...

Ceux qui mettent l'esprit et le savoir au-dessus de toutes les autres qualités humaines compteront cet homme au nombre des plus grands de son siècle ; mais ceux qui placent la vertu au-dessus de tout ne maudiront jamais assez sa mémoire. Il fut le plus cruel des citoyens, persécuteur, assassin et proscripteur ...

Rosini, (*Luisa Strozzi*)

Stultitia

    Stupidité

ὁ βίος βράχυς, ἡ δὲ τέχνη μακρά   (ho bios brachus, hê de technê makra)

    Vita brevis, ars longa

    La vie est courte, l'art est long.

Ingenia præcocia

    Enfant précoce

The young man's wrath is like light straw on fire ;
but like red-hot steel is the old man's ire.

Old ballad

    La colère du jeune homme est semblable à un feu de paille,
    mais le courroux du vieillard ressemble à un acier chauffé à blanc.

Nec, cor nec caput habet

    Il n'a ni tête ni cœur

    Sénèque, (*ludus de morte claudii cesaris*, ch. VIII).

Φίλον ἦτορ   (philon hêtor)

    Âme sensible

Νοῦς   (noús)

    Mens

    L'intellect

ἄνεμος   (ănemos)

    Anima,

    C'est la vie même

θῦμος   (thýmos)

Animus

La sensibilité

Ψὐχη   (psyché)

Anima

Le souffle

Animi perturbatio

La passion (l'émotion pertubatrice)

Mentis perturbatio

La folie

Βέλτιον γὰρ τοῦ ζῆν τὸ εὖ ζῆν   (béltion gàr toū zē̃n tò eū zē̃n)

Vivre heureux est meilleur que vivre

ou : Bien vivre vaut mieux que vivre

Aristote, *Topiques*, Livre III, Chap. 2 § 21

Vis medicatrix naturæ

Le pouvoir curatif de la nature.

Capere somnum

Saisir le sommeil – s'endormir.

Ανιη και πολυς υπνος   (aniē kai polus upnos)

C'est fatigant aussi de dormir trop longtemps

Homère, (*Odyssée.* XV, 394)

CHAP. 20 — OBJECTIVATION DE LA VOLONTÉ DANS L'ORGANISME ANIMAL.

Prius
> Le premier élément

Qualitas occulta
> Qualité occulte

Motus peristalticus
> Mouvement péristaltique

Vis a tergo
> Force qui pousse par derrière

Cor primum vivens et ultimum moriens
> Le cœur vit le premier et meurt le dernier

Primum mobile
> Le premier moteur

Cerebrum abdominale
> Cerveau abdominal

Sensorio , sensorium
> Organe sensoriel

Sphincteres vesicœ et ani
> Sphincters de la vessie et de l'anus

Nervus vagus

Nerf vague ou pneumogastrique

Ηγεμονικον   (hègemonikon)

Principe directeur, conscience.

Omne simile claudicat

Toutes les comparaisons sont boiteuses

Vis naturæ medicatrix

Le pouvoir curatif de la nature.

Magna est vis veritatis et prævalebit

Grande est la force de la vérité, et elle l'emportera

Placita philosophorum

Opinions des philosophes

CHAP. 21 — REVUE ET CONSIDÉRATION GÉNÉRALE.

Νους   (noús)

Mens

L'intellect

Ens rationis

Être de raison.

Posterius

Un élément postérieur

Prius

Le premier élément

A parte ante, a parte post.

Ces deux expressions, empruntées à la philosophie scolastique, ne peuvent être comprises l'une sans l'autre. Elles s'appliquent à l'éternité, que l'homme ne peut concevoir qu'en la divisant, pour ainsi dire, en deux parties. L'une n'a pas de bornes dans le passé : c'est l'éternité *a parte ante* : l'autre n'en a pas dans l'avenir : c'est l'éternité *a parte post*. Les philosophes du moyen âge attribuaient à dieu ces deux sortes d'éternité ; mais l'âme, disaient-ils, ne possède que la dernière.

CHAP. 22 — VUE OBJECTIVE DE L'INTELLECT.

Σοφον ειναι δει τον επιγνωσομενον τον σοφον

(sofon einai dei ton epignosomenon ton sofon)

Il faut être sage pour reconnaître le sage

(*diogène laërce*, ix, 20)

Natura nihil agit frustra et nihil supervacaneum

La nature ne fait rien en vain et ne crée rien de superflu

Aristote, (*de incessu animalium*, chap. II)

Mundus *phœnomenon*

Les objets des sens (le monde phénoménal)

Species transitivas

Des formes transitives

Mater rerum (omnium)

    La mère de toutes choses

Quadam prodire tenus

    Il est possible d'avancer jusqu'à un certain point

Horace, (Épîtres, I, I, V. 32)

CHAP. 23 — DE L'OBJECTIVATION DE LA VOLONTÉ DANS LA NATURE INANIMÉE.

Voluntas potentia cœca est, ex scholasticorum opinione.

    La volonté est une puissance aveugle, selon l'opinion des scolastiques.

Jules-César Vanini, (Amphitheatrum)

Αυτοματον   (automaton)

    Agissant de soi-même

Το θρεπτικον   (to threptikon)

    La faculté de nutrition

Anima vegetativa, sensitiva et *intellectiva*

    L'âme végétative sensitive, et intellectuelle

Plantae nutriuntur, quia habent facultatem nutritivam.

    Les plantes se nourrissent, parce qu'elles possèdent une faculté de nutrition.

Contradictio in adjecto

Une contradiction en soi. Un concept contradictoire/incohérent dans la forme. C'est une sorte d'oxymore, ex: "un silence assourdissant", ou encore "un feu humide", etc.

Natura non facit saltus

La Nature ne fait pas de saut

Omnis natura vult esse conservatrix sut

Tout être tend à sa propre conservation

Vis a tergo

Force qui pousse par derrière

Vis inertiæ

Force d'inertie

Primary qualities / secondary qualities

Qualités primaires / qualités secondaires

La distinction de qualité primaire / secondaire est une distinction conceptuelle en épistémologie et métaphysique, concernant la nature de la réalité. Il est explicitement expliqué par John Locke dans son Essai concernant la compréhension humaine, mais des penseurs antérieurs tels que Galileo et Descartes ont fait des distinctions similaires. Les qualités primaires sont considérées comme des propriétés d'objets indépendants de n'importe quel observateur, tels que la solidité, l'extension, le mouvement, le nombre et la figure. Ces caractéristiques véhiculent des faits. Ils existent dans la chose elle-même, peuvent être déterminés avec certitude et ne pas compter sur des jugements subjectifs. Par exemple, si une balle est ronde, personne ne peut raisonnablement argumenter que c'est un triangle. On pense que les qualités secondaires sont des propriétés qui produisent des sensations chez les observateurs, comme la couleur, le goût, l'odorat et le son. Ils peuvent être décrits comme l'effet de certaines choses sur certaines personnes. La connaissance qui provient de qualités secondaires ne fournit pas de faits objectifs sur les choses. Les qualités primaires sont des aspects mesurables de la réalité physique. Les qualités secondaires sont subjectives.

CHAP. 24 — DE LA MATIÈRE.

In abstracto

Dans l'abstrait

Materia appetit formam.

La matière désire recevoir la forme.

Generatio æquivoca

Génération spontanée, hètérogénie

On appelle hètérogénie (*generatio heterogenea, æquivoca, primitiva, primigena, originaria, spontanea*) toute production d'être vivant qui, ne se rattachant, ni pour la substance, ni pour l'occasion, à des individus de la même espèce, a pour point de départ des corps d'une autre espèce, et dépend d'un concours d'autres circonstances. C'est la manifestation d'un être nouveau et dénué de parents, par conséquent une génération primordiale, ou une création. Nous la reconnaissons partout où nous voyons paraître un corps organisé sans apercevoir un autre corps de même espèce dont il puisse procéder, ou découvrir dans celui-ci aucune partie apte à opérer la propagation.

Burdach, k.f. (1837)

Traité de physiologie considérée comme science d'observation, vol. 1: 8

Natura nihil facit frustra.

La nature ne fait rien en vain.

Pediculus capitis ou *pubis* ou *corporis*

Pou de tête, de pubis, de corps.

Πρωτον ψευδος   (prauton pseudos)

Pseudos protons, πρῶτον ψεῦδος , littéralement le ***premier mensonge*** , *erreur fondamentale* , est un concept de logique aristotélicienne . Il se réfère à la première fausse prémisse dans une déduction, qui est généralement suivie par d'autres déclarations fausses, même si elle est formellement correctement inférée.

Exemple:
Tux est un pingouin, donc un oiseau.
Tous les oiseaux peuvent voler. ← *(pseudos protons)*
Par conséquent, Tux peut voler.

Qualilates occultæ.

Qualités cachées.

In rerum natura

Dans la nature des choses.

Credat Judæus Apella !

Que le juif Apella le croie !

(Horace, *Satires*, I, 5, v. 100.)

Spartam quam nactus es, orna !

Embellis Sparte, maintenant que tu l'as obtenue !

Data et *quæsita*

Data = les données dont on dispose ; Quæsita = Ce que l'on cherche

Un problème ou une question renferme en général deux sortes de grandeurs, les *données* et les *cherchées*, *data* et *quæsita*.

Caput mortuum

Le *caput mortuum* ou "tête morte" tire son étymologie latine de l'ancienne chimie, dont la signification veut dire "résidu dont on ne peut rien extraire". Il est issu des dernières opérations faites avec de l'oxyde de fer. C'est également le terme utilisé par les alchimistes, pour désigner les résidus après distillation sèche, qui restaient dans les cornues. On parlait aussi de chaux, chaux renvoyait alors à la nature pulvérulente et terreuse du résidu. Le terme vient de la manière qu'avaient les alchimistes de nommer les produits quelconques de leurs opérations à l'aune des parties du corps humain: tout ce qui se volatilisait dans les distillations était un esprit en général et lorsque la matière mise en distillation avait perdu toute sa partie volatile elle était comme un corps sans âme. C'était pour ainsi dire une tête humaine d'où les esprits s'étaient envolés à l'instant de la mort. De là l'expression de *caput mortuum*. Le *caput mortuum* était un des principes des anciens chimistes ou plutôt un des cinq produits des anciennes analyses chimiques. Ces cinq produits étaient l'esprit ou mercure, le phlegme, l'huile ou soufre, le sel et la terre damnée, *caput mortuum*.

CHAP. 25 — CONSIDÉRATIONS TRANSCENDANTES SUR LA VOLONTÉ COMME CHOSE EN SOI

Εν και παν   (en kai pan)

  Un et Tout

Per secula seculorum

  Pour les siècles des siècles

Perpetuum mobile

  Mouvement perpétuel

Ἀνάγκη   (Anágkē)

Fatum

Fatalité, destin.

Dans la mythologie grecque, Ananké (en grec ancien Ἀνάγκη / Anágkē) est à la fois un concept et la personnification de la destinée, la nécessité inaltérable et la fatalité. Dans la mythologie romaine, elle s'appelle *Necessitas* ou encore *fatum* (destin).

Natura naturans

La nature qui créée

Est quodam prodire tenus, si non datur ultra.

On peut au moins marcher jusqu'à une certaine limite, si on ne peut aller plus loin.

(Horace, *Épîtres*, livre 1, 1, vers 32)

Haud distributum animantibus, et quasi distributum tamen insidens, animantiumque sustentaculum id cognoscendum, edax et rursus génitale

Il est indivis dans les êtres, et semble pourtant divisé ; il faut le reconnaître comme ce qui maintient, détruit et produit les êtres.

Bhagavad Gita (Lect. 13, 16, vers. Schlegel.)

Animal compositum

Animal composite

Veretillum

La Vérétille est animal marin de l'embranchement des cœlentérés, de la sous-classe des octocoralliaires, formé de polypes rétractiles insérés sur un axe cylindrique, charnu, coloré en rouge, vivant en colonie dans les vases côtières.

Funiculina

Famille d'octocoralliaires (Octocorallia). Cnidaires anthozoaires. Les Octocoralliaires, ou Octocorallia ou anciennement Alcyonaria, sont une sous-classe de Cnidaires, ***appelés coraux*** même s'ils ne font pas partie du groupe des Scleractinia.

Toto genere

En tous points

Influxus physicus

L'influence physique (ou influence naturelle) : l'action exercée par les choses sur notre esprit, ou influence causale entre le corps et l'esprit.

Actio in distans

Action à distance

Generatio æquivoca

Génération spontanée, hétérogénie

On appelle hétérogénie (*generatio heterogenea, æquivoca, primitiva, primigena, originaria, spontanea*) toute production d'être vivant qui, ne se rattachant, ni pour la substance, ni pour l'occasion, à des individus de la même espèce, a pour point de départ des corps d'une autre espèce, et dépend d'un concours d'autres circonstances. C'est la manifestation d'un être nouveau et dénué de parents, par conséquent une génération primordiale, ou une création. Nous la reconnaissons partout où nous voyons paraître un corps organisé sans apercevoir un autre corps de même espèce dont il puisse procéder, ou découvrir dans celui-ci aucune partie apte à opérer la propagation.

Burdach, k.f. (1837)

Traité de physiologie considérée comme science d'observation, vol. 1: 8

CHAP. 26 — DE LA TÉLÉOLOGIE.

Τέλος   (telos)

causæ finales   *Les causes finales*

La **cause finale** est l'une des quatre causes décrites par Aristote dans l'*Éthique à Nicomaque*. Les quatre causes sont la cause matérielle, la cause formelle, la cause motrice et la cause finale. Celle-ci ne doit pas être confondue avec la cause première, bien qu'elle puisse lui être reliée.

Aristote considérait que la cause la plus importante, parmi les quatre causes, était la cause finale, qu'il appelait aussi *telos* (Τέλος), c'est-à-dire la fin ou la finalité. Aristote distingue à ce sujet deux significations du mot "fin" : la fin comme but (qui est la finalité au sens propre) et celle comme terme (c'est-à-dire ce qui termine une série). L'étude de la cause finale s'appelle, chez Aristote, la téléologie.

Toujours chez Aristote, dans le domaine des actes humains, la cause finale est ce pour quoi l'on agit, le but que l'on se donne, recouvre l'intention ; dans le domaine de la physique, les corps lourds chutent pour retrouver leur état de repos *naturel* (celui dans lequel ils sont ou reviennent à moins d'une intervention extérieure), la chute est due à cette *cause finale*. Cela ne signifie pas que les objets eux-mêmes ont des intentions, il n'y a pas d'animisme chez Aristote, cela signifie que chez lui la cause n'engendre pas obligatoirement l'effet, entendu par là qu'elle ne provoque pas le changement, qu'elle est distincte de la cause motrice.

Dans la théologie chrétienne, la cause finale de l'homme est appelée "vision béatifique" ou théosis.

Causæ efficientes   *Les causes motrices ou efficientes*

Aristote définit la ***cause motrice*** comme : "le principe premier d'où part le changement ou la mise en repos."

Les disciples d'Héraclite, notamment Cratyle, affirmaient qu'il était impossible de connaître quoi que ce soit (§ 1010a de La *Métaphysique d'Aristote*), du fait que toute chose est en mouvement permanent — ce pour quoi Platon proposera sa théorie des Formes, ou Idées, immuables. Pour Aristote, le mouvement n'est pas chaotique, mais obéit lui aussi à des lois : l'univers accessible aux sens est donc connaissable en lui-même.

Le mouvement reflète, chez Aristote, une acception beaucoup plus large que celle communément acceptée aujourd'hui : il ne s'agit pas seulement d'un changement de lieu. Des phénomènes comme la génération et la corruption sont aussi, pour Aristote, des formes de mouvement. Ainsi, la croissance d'un oiseau dans son œuf, ou la décomposition du cadavre de ce même oiseau, sont des formes de mouvement.

En bref, un mouvement est n'importe quel changement, ou, dans son vocabulaire, un devenir. Ce dernier est relatif dans le cas où quelque chose devient (ex: l'homme devient musicien). Absolu lorsque quelque chose apparaît ou disparaît (génération ou corruption), lorsque cette chose qui devient n'est pas de même substance que ce qu'elle devient exemple : le bloc de marbre devient un statue (génération); le condamné à mort devient un tas de cendres (corruption).

Par la suite, dans la philosophie médiévale, la **cause motrice** devient **causa efficiens**. Elle n'est alors plus seulement une explication du changement dans les étants, mais aussi une explication de leur existence même : les choses sont ce qu'elles sont parce que l'existence leur est apportée de l'extérieur. Ce qui donne l'existence (i.e. Dieu) est alors aussi nommé cause efficiente. Toutefois la définition ne change pas.

Exceptio firmat regulam

L'exception confirme la règle

Mus typhlus

Le rat-taupe aveugle (*mus typhlus* de Linné)

Muræna cæcilia

La murène aveugle

Gastrobranchus cœcus

Le gastérobranche aveugle

Proteus anguinus

Le **Protée anguillard** (**Proteus anguinus**), dit aussi **Olm, Salamandre blanche** ou **Salamandre des grottes.** On le surnomme parfois "poisson humain" à cause de sa peau qui ressemble à celle de l'Homme. Les yeux du Protée ont une *structure vestigiale*, c'est-à-dire qu'ils ont perdu leur fonction initiale, bien qu'ils soient parfaitement fonctionnels à la sortie de l'œuf. L'animal, complètement aveugle, se débrouille donc grâce à ses autres sens très développés, odorat et toucher. Sa peau, en raison de l'obscurité, n'est pas normalement pigmentée, bien qu'il soit capable de "bronzer" à la lumière.

Δυο τροποι της αιτιας, το ου ενεκα και το εξ αναγκης, και δει λεγοντας τυγχανειν μαλιστα μεν αμφοιν.

(Duo tropoi tēs aitias, to ou eneka kai to ex anankēs, kai dei legontas tunkhanein malista men amphoin.)

Il y a deux sortes de causes : la cause finale et la cause efficiente, et, dans la discussion, il faut, autant que possible, tenir compte des deux.

Aristote (T*raité des parties des animaux*, I, 1)

Natura non facit saltus, et quod commodissimum in omnibus suis operationibus sequitur.

La nature ne fait pas de sauts, et, dans toutes ses entreprises, elle prend le chemin le plus commode.

Aristote (*De incessu animalium,* c. II et VIII.)

Qualitas occulta

Qualité cachée

Η αιτια εξ αναγκης   (ē aitia ex anankēs)

La cause de la nécessité (en référence à la cause efficiente).

Η χαριν του βελτιονος   (ē kharin tou beltionos)

La meilleure des meilleurs (en référence à la cause finale).

Mons veneris

Le **mont de Vénus** ou **mont du pubis** est la zone de peau située en avant de la symphyse pubienne et de l'os pubien adjacent chez la femme. Il comporte un amas de tissu adipeux et une pilosité pubienne qui se développe à partir de la puberté.

Homo homini lupus

L'homme est un loup pour l'homme.

Omen, ominis, pluriel *omina*

L'augure

Exemplum in contrarium

Contre-exemple

Lampyris noctiluca

Le ver luisant

Lampyris italica

Lampyre d'Italie, ou Luciole.

Aristolochia Clematitis

Aristoloche clématite : plante herbacée de la famille des Aristolochiaceae.

Les fleurs de l'Aristoloche clématite sont jaunes et dégagent une odeur désagréable. Elles forment un tube d'environ 3 cm, par lequel les insectes pénètrent, attirés par le nectar. Le "piège" ainsi formé contient le pistil et les étamines, organes mâles et femelles de la plante. Les insectes pollinisateurs sont principalement des petites mouches. Une fois dans le réceptacle, les pollinisateurs ne peuvent s'échapper à cause des poils du conduit orientés vers le bas. Ces insectes vont donc se charger du pollen contenu dans les anthères. Les poils se fanent alors, ce qui libère les insectes. Ceux-ci véhiculent à leur insu les gamètes mâles de la plante vers un autre individu, et assurent ainsi la reproduction de l'espèce.

Consensus naturæ

Le consentement de la nature

Naturam nihil frustra agere

La nature ne fait rien en vain

Hoc est, quod in usum hominum non sit

C'est-à-dire ce qui n'est pas utile à l'homme

Omnia naturalia tanquam ad suum utile media considerant, et credunt aliquem alium esse, qui ilia media paraverit

Ils considèrent tous les produits de la nature comme des moyens mis à leur disposition, et croient qu'il existe quelqu'un qui les a séparés.

Hinc statuerunt, deos omnia in usum hominum fecisse et dirigere

Ils en ont déduit que les dieux ont tout créé et règlent tout pour l'usage des hommes.

Naturam finem nullum sibi præfixum habere et omnes causas finales nihil, nisi humana esse figmenta

La nature ne s'est proposé aucun but et toutes les causes finales ne sont rien d'autre que des inventions humaines.

Est enim verum index sui et falsi

Car le vrai témoigne pour lui-même et pour le faux.

Η φυσις ποιει   (ē phusis poiei)

La nature crée.

Aristote *(Génération des Animaux*, III, 11*)*

Η φυσις πεποιηται   (ē phusis pepoiētai)

La nature a été créée.

Ματην ορωμεν ουδεν ποιουσαν την φυσιν

Matēn orōmen ouden poiousan tēn phusin

Nous voyons que la nature ne fait rien en vain.

Aristote (*Traité de la Respiration*, c. X)

Ουδε περιεργον ουδεν, ουτε ματην η φυσις ποιει. — Η φυσις ενεκα του ποιει παντα. — Πανταχου δε λεγομεν τοδε τουδε ενεκα, οπου αν φαινηται τελος τι, προς ο η κινησις περαινει ωστε ειναι φανερον, οτι εστι τι τοιτουτον, ο δη και καλουμεν φυσιν. — Επει το σωμα οργανον ενεκα τινος γαρ εκαστον των μοριων, ομοιως τε και το ολον.

Oude periergon ouden, oute matēn ē phusis poiei. — Ē phusis eneka tou poiei panta. — Pantakhou de legomen tode toude eneka, opou an phainētai telos ti, pros o ē kinēsis perainei ōste einai phaneron, oti esti ti toitouton, o dē kai kaloumen phusin. — Epei to sōma organon eneka tinos gar ekaston tōn moriōn, omoiōs te kai to olon.

La nature ne fait rien de superflu et rien en vain. – La nature fait tout en vue d'un but. – Nous disons : ceci se fait pour cela, partout où apparaît un but vers lequel tend le mouvement ; c'est pourquoi il est certain qu'il existe quelque chose que nous appelons précisément nature. – Car le corps est un instrument ; en effet, chacune de ses parties, et aussi le corps tout entier, existent en vue d'un but.

Aristote (De partibus animalium)

Η φυσιν ουδεν ποιει ματην, αλλ'αει, εκ των ενδεχομενων τη ουσια, περι εκαστον γενος ζωου, το αριστον.

Ē phusin ouden poiei matēn, all'aei, ek tōn endekhomenōn tē ousia, peri ekaston genos zōou, to ariston.

La nature ne fait rien en vain, mais toujours, parmi ce qui est possible pour chaque espèce animale, ce qui est le meilleur pour elle.

Aristote (De incessu animalium, c. II)

Ex professo

Cette locution latine a le sens de "**ouvertement**".

Ex n'a pas ici le sens de l'**ex** qu'on trouve dans **ex**-épouse, **ex**-ministre ou **ex**-prof et sot, et qui signifie "précédent" ou "précédemment". Dans cette locution, '**ex**' a le sens de "selon" et "**professo**" est issu de "profiteri" qui signifie "déclarer ouvertement".

CHAP. 27 — DE L'INSTINCT EN GÉNÉRAL ET DE L'INSTINCT D'INDUSTRIE.

Vita propria

La vie en propre

Necrophorus vespillo

Nécrophore : S'occupant beaucoup de leur progéniture, les adultes repèrent divers cadavres animaux grâce à leur odorat ; ils creusent sous le cadavre et le pressent à l'intérieur du trou ainsi obtenu, jusqu'à ce qu'il soit enterré. La ponte se produit dans une galerie à proximité. Les jeunes larves sont tout d'abord nourries par leurs mère, par la suite, elles se nourrissent seules du cadavre.

Apis terrestris

Il s'agit d'**abeilles solitaires** qui nichent dans le sol et qui sont absolument inoffensives. Elles creusent des galeries dans le sol pour y déposer leurs œufs et effectuent d'incessants allers-retours pour déposer de quoi alimenter les futures larves. Très utiles à la pollinisation, elles servent aussi de nourriture aux oiseaux. Lorsqu'elles ont trouvé un lieu favorable à leur nidification, elles ont tendances à y venir en nombre, creusant leurs nids sur un même site en une concentration parfois impressionnante qu'on appelle "bourgade", comme un village... Leur présence est même parfois favorisée par les jardiniers qui prévoient de leur réserver une partie de sol nu pour les accueillir tant elles sont utiles.

http://www.insectes.org/insectes/questions-reponses.html?id_quest=54

Bombylius

Le **Bombylius** est un genre d'insectes diptères de la famille des Bombyliidae, ressemblant à une abeille ou à un petit bourdon.

CHAP. 28 — CARACTÈRE DU VOULOIR-VIVRE.

Ens rationis

Être de raison.

Ψύχη   (psyché)

Anima

Le souffle

Η φυσιν δαιμονια, αλλ'ου θεια εστι.

(Ē phusin daimonia, all'ou theia esti.)

La nature est démoniaque et non pas divine.

Aristote *(De divinat.,* c. II)

Quæsitum

Ce que l'on cherche.

Datum

Les données connues.

Generatio æquivoca

Génération spontanée, hètérogénie

Toto genere

En tous points

Animal nocturnum

Animal nocturne

Bellum omnium

    La guerre de tous

In secula seculorum

    Dans les siècles des siècles

Canis rutilans

    Le chien sauvage des hautes montagnes du continent de l'Asie, dont on nous a adressé des individus de Bengale, qui se trouve aussi à Sumatra, à Java et à Bornéo, et que l'on a nommé **Canis rutilans**

Ens perfectissimum

    L'être parfait

Primum mobile

    Le premier moteur

Ου φυσει, αλλα βια   (Ou phusei, alla bia)

    Non pas naturellement, mais par la violence.

Aristote (De cœlo, II, 13)

Ex præmissis

    De ce qui précède

Suppléments aux livres 3 et 4 du premier volume

Chap. 29 — De la connaissance des idées.

Species rerum

L'aspect extérieure des choses.

Το ειδος μεταδεδωκε μεν της μορφης τη υλη αμερες δε ον μετελαβ εν εξ αυτης του διαστατου

(To eidos metadedōke men tēs morphēs tē ulē ameres de on metelav en ex autēs tou diastatou)

L'idée a donné la forme à la matière mais lui a emprunté l'étendue.

(*Proclus et Olympiodore*, vol. II)

οἷον οἰκία καὶ δακτύλιος, ὧν οὔ φασιν εἶναι εἴδη·

(oion oikia kai daktulios, ōn ou phasin einai eidē)

D'autre part, il se produit une foule de choses pour lesquelles on n'a pas l'air cependant d'admettre qu'il y ait d'Idées.

Aristote (*Métaphysique*, XIII, 5)

οἷον οἰκία καὶ δακτύλιος, ὧν οὔ φαμεν εἴδη εἶναι

Une maison, par exemple, un anneau, pour lesquelles nous ne disons pas néanmoins qu'il y ait des Idées.

Aristote (*Métaphysique*, I, 9)

αλλ'ειπερ (*supple* ειδη εστι) επι των φυσει (εστι) διο δη ου κακως ο Πλατων εφη, οτι ειδη εστι οποσα φυσει

[all'eiper (eidē esti) epi tōn phusei (esti) dio dē ou kakōs o Platōn ephē, oti eidē esti oposa phusei]

Mais il existe des idées, alors on ne peut en admettre que pour les produits de la nature ; c'est pourquoi Platon a dit fort bien qu'il y a autant d'idées que d'espèces naturelles

και τουτο αρεσκει και αυτοις τοις τας ιδεας θεμενοις των γαρ υπο τεχνης γινομενων ιδεας ειναι ουκ ελεγον, αλλα των υπο φυσεως

(kai touto areskei kai autois tois tas ideas themenois tōn gar upo tekhnēs ginomenōn ideas einai ouk elegon, alla tōn upo phuseōs)

C'est ce qu'enseignent ceux-là mêmes qui admettent les idées : car ils disaient qu'il n'existait pas d'idées pour les produits de l'art, mais seulement pour les produits de la nature.

Universalia ante rem

Universaux ante rem

Universalia post rem

Universaux post rem

En métaphysique, les universaux sont des types, des propriétés ou des relations qui ont un caractère universel au sens où ils peuvent selon Aristote être "dits de plusieurs", c'est-à-dire être conçus comme propres à plusieurs choses singulières différentes. Les universaux sont une manière de comprendre ce qui est commun aux choses singulières que l'on nomme par opposition les particuliers. Par exemple, la « chevalinité », la circularité, ou la « parentité » sont des universaux opposés aux particuliers que sont tel cheval, tel cercle ou tel parent.
La question centrale débattue en métaphysique est alors de savoir si les universaux ont une existence en soi (réalisme, au sens du réalisme des universaux) ou s'ils sont de simples concepts produits par l'esprit, qui dans le langage s'expriment par des noms (nominalisme) ? Et s'ils ont une existence réelle, comment s'articule-elle avec l'existence des particuliers ? L'opposition entre réalisme et nominalisme remonte à celle entre Platon et Aristote. La scolastique médiévale reprendra ce débat lors de la célèbre querelle des universaux.

Ante rem ; in re ; post rem.

Avant l'objet, dans l'objet, après l'objet.

Phraséologie utilisée par les philosophes *scolastiques* dans la longue et controversée question des universaux, pour spécifier trois positions différentes et distinctes: *ante rem*, l'universel existe dans l'esprit de Dieu et par conséquent il est antérieur à l'objet dont il constitue la forme; *in re*, l'universel est abaissé dans l'objet et constitue son essence; *post rem*, l'universel est formé dans l'esprit humain après avoir connu l'objet et est donc après lui.

Wikipédia

CHAP. 30 — DU PUR SUJET DE LA CONNAISSANCE.

Noluntas

Nolonté

Absence ou défaut de volonté

Acte de la volonté qui dit non.

Du latin archaïque *noluntas* repris à basse époque par Saint-Augustin et Saint Thomas d'Aquin au sens de "action de ne pas vouloir", formé sur le latin classique *nolle* "ne pas vouloir", voir *nolition* : acte de la volonté qui s'oppose ou qui refuse.

Nox erat, et cœlo fulgebat luna sereno,
Inter minora sidera.

C'était la nuit, et dans le ciel serein, la lune brillait
au milieu d'astres plus petits.

(HORACE, *Épodes*, XV, V. I.)

Punctum saliens

Le point culminant. Autre traduction : *"point sautant"*

(*Figuré*) Celui qui en passe d'entrer en colère ou dans une passion d'amour violente, atteint un point où l'âme est pleine comme un tonneau ; toutefois il faut encore le surcroît d'une goutte d'eau, de la bonne volonté pour la passion (que l'on nomme d'ordinaire aussi la mauvaise). Il ne faut que ce petit grain, alors le tonneau déborde.

(C.f. Nietzsche, Humain trop humain, § 584, Punctum Saliens de la passion.)

CHAP. 31 — DU GÉNIE.

Monstrum per excessum

Un monstre par excès

Monstrum per defectum

Un monstre par défaut.

Le *monstrum per defectum* désigne traditionnellement l'être vivant qui diffère de la norme (le "monstre") en raison d'un manque (absence d'un membre, d'un organe, etc.), par opposition au *monstrum per excessum*.

Monstrum per situm mutatum

Un monstre par déformation physique.

In tristitia hilaris, in hilaritate tristis

Gai dans la tristesse, affligé dans la gaité.

Omnes ingeniosos melancholicos esse.

Tous les hommes de génie sont mélancoliques.

Cicéron (*Tusculanes*, I, 33)

Ο καιρος ο εμος ουπω παρεστιν ο δε καιρος ο υμετερος παντοτε εστιν ετοιμος.

(O kairos o emos oupō parestin o de kairos o umeteros pantote estin etoimos.)

Mon temps n'est pas encore venu, mais votre temps est toujours prêt.

(*Jean,* VII, 6.)

Infimarum virtutum, apud vulgus, laus est, mediarum admiratio, supremarum nullus sensus.

Le peuple vante les vertus inférieures, admire les vertus moyennes, et ne comprend pas les vertus les plus grandes.

Francis Bacon Baron de Verulam (*De Augmentis Scientiarum VI, 3*)

Apud vulgus !

Pour le vulgaire !

Nel mondo non è se non volgo.

Il n'y a rien d'autre en ce monde que du vulgaire.

Machiavel

CHAP. 32 — DE LA FOLIE.

Mania sine delirio

Une fureur sans folie

CHAP. 34 — DE L'ESSENCE INTIME DE L'ART.

Quandoque dormitat bonus Homerus

Il arrive parfois à l'excellent Homère de dormir.

Horace

CHAP. 35 — L'ESTHÉTIQUE DE L'ARCHITECTURE.

Entasis

L'entasis (du grec ἔνταοις, "tension") est une technique d'architecture qui consiste à bomber légèrement le fût des colonnes. Selon une explication qui remonte à Héron d'Alexandrie, il s'agit de compenser une illusion d'optique qui donnerait au spectateur l'impression que les côtés des colonnes sont concaves s'ils étaient parfaitement rectilignes. Employé dans l'Antiquité grecque et romaine pour les différents ordres architecturaux, mais plus particulièrement dans les temples doriques, ce procédé est illustré par le Parthénon. Il fut réutilisé par Palladio et redécouvert par l'Europe du XVIIIe siècle sous l'influence du néoclassicisme.

Wikipédia

Ceteris paribus

Ceteris paribus (forme complète : *ceteris paribus sic stantibus*) est une locution latine se traduisant par : "toutes choses étant égales par ailleurs". Elle est utilisée, par exemple, en méthodologie, en philosophie analytique, en philosophie du langage, en sciences sociales ou encore en sciences économiques, quand dans un modèle théorique l'influence de la variation d'une quantité (*la variable explicative*) sur une autre (*la variable expliquée*) est examinée à l'exclusion de tout autre facteur.

Wikipédia

Natura nihil agit frustra et nihil supervacaneum, et quod commodissimum in omnibus suis operationibus sequitur.

La nature ne fait rien en vain et ne crée rien de superflu, et, dans toutes ses entreprises, elle prend le chemin le plus commode.

Aristote (*De incessu animalium*, c. II et VIII.)

βαρβαροι !   (barbaroi !)

Barbares !

CHAP. 37 — DE L'ESTHÉTIQUE DE LA POÉSIE.

Ut nosti

Comme vous le savez

Lenocinium

Séduction, charme, attrait puissant qui se dégage de quelque chose ou de quelqu'un.

Mai non vo' piu cantar, com' io soleva

Je ne veux plus jamais chanter comme j'en avais coutume.

Pétrarque

αρκειτω βιος (arkeitō bios)

C'en est assez de la vie.

Cassandre, *dans l'Agamemnon* du grand Eschyle

Qual cor tradisti, qual cor perdesti

(Vois) quel cœur tu as perdu et quel cœur tu as trahi.

Vincenzo Bellini (*Norma*, Acte 2, Scène 3)

Exspatiatur

S'élargit, s'étend, prend de l'espace

φευ, φευ, τα μεγαλα, μεγαλα και πασχει κακα

(pheu, pheu, ta megala, megala kai paskhei kaka)

Hélas ! Hélas ! Pourquoi la grandeur doit-elle souffrir aussi de grands maux !

(Stobée *Flor.*, vol. II)

CHAP. 38 — DE L'HISTOIRE.

Και φιλοσοφωτερον και σπουδαιοτερον ποιησις ιστοριας εστιν.

(kai philosophōteron kai spoudaioteron poiēsis istorias estin.)

Aussi la poésie est-elle plus philosophique et d'un caractère plus élevé que l'histoire.

Aristote

Φιλοκαθολου γαρ ο φιλοσοφος   (philokatholou gar o philosophos)
Car le philosophe aime les généralités.

Eadem, sed aliter
Les mêmes choses mais d'une autre manière

CHAP. 39 — DE LA MÉTAPHYSIQUE DE LA MUSIQUE.

Rerum concordia discors
L'harmonie dissonante des choses

Horace, (Epîtres, I, 12, v. 19)

Les vibrations *obstrepunt sibi perpetuo.*
Les vibrations opposent constamment leur bruit.

Languor
Langueur, affaiblissements des forces physiques ou morales

Et anandsroup, quod forma gaudii est, τον pram Atma ex hoc dicunt, quod quocunque loco gaudium est, partícula e gaudio ejus est.

Et l'on appelle Atman suprême anandsroup (bienheureux), ce qui est une sorte de joie, parce que partout où il y a une joie, celle-ci est une partie de sa joie.

(Oupnehkat)

CHAP. 41 — DE LA MORT.

θανατου μελετη   (thanatou meletē)
>Préparation à la mort

Edite, bibite, post mortem nulla voluptas
>Mangez et buvez, après la mort il n'y a plus de plaisir

In gladiatoriis pugnis timidos et supplices, et, ut vivere liceat, obsecrantes etiam odisse solemus ; fortes et animosos, et se acriter ipsos morti offerentes servare cupimus.

>Dans les combats de gladiateurs, nous allons jusqu'à éprouver de la haine pour les lâches qui nous supplient et nous conjurent de les laisser vivre, tandis que nous désirons sauver ceux qui, avec courage et résolution, s'offrent d'eux-mêmes vaillamment à la mort.
>
>Cicéron (*Pro Milone*, c. 34.)

A parte ante, a parte post.
>Ces deux expressions, empruntées à la philosophie scolastique, ne peuvent être comprises l'une sans l'autre. Elles s'appliquent à l'éternité, que l'homme ne peut concevoir qu'en la divisant, pour ainsi dire, en deux parties. L'une n'a pas de bornes dans le passé : c'est l'éternité *a parte ante* : l'autre n'en a pas dans l'avenir : c'est l'éternité *a parte post*. Les philosophes du moyen âge attribuaient à dieu ces deux sortes d'éternité ; mais l'âme, disaient-ils, ne possède que la dernière.

Ο θανατος μηδεν προς ημας   (o thanatos mēden pros ēmas)
>La mort ne nous concerne pas
>
>Épicure

Fuga mortis

La fuite de la mort.

Cessio bonorum

Donation totale des biens.

Cum grano salis

Avec un grain de sel. (à *prendre avec un grain de sel*)

οιοι νυν βροτοι εισιν.

Comme les mortels sont maintenant.

Homère, (*Iliade*, v. 304)

Οιη περ φυλλων γενεη, τοιη δε και ανδρων.

(Oiē per phullōn geneē, toiē de kai andrōn.)

Comme naissent les feuilles, ainsi naissent les hommes.

Homère, (*Iiliade*, VI, v. 145.)

Παρμενιδης και Μελισσος ανηρουν γενεσιν και φθοραν, δια το νομιζειν το παν ακινητον.

(Parmenidēs kai Melissos anēroun genesin kai phthoran, dia to nomizein to pan akinēton.)

Parménide et Mélissos niaient la naissance et la mort parce qu'ils croyaient que le tout était immobile

Stobée, (*Éclogues*, I, 21)

Νηπιοι ου γαρ σφιν δολιχοφρονες εισι μεριμναι,
Οι δη γινεσθαι παρος ουκ εον ελπιζουσι,
Η τι καταθησκειν και εξολλυσθαι απαντη.
Ουκ αν ανηρ τοιαυτα σοφος φρεσι μαντευσαιτο,
Ως οφρα μεν τε βιωσι (το δη βιοτον καλεουσι),
Τοφρα μεν ουν εισιν, και σφιν παρα δεινα και εσθλα,
Πριν τε παγεν τε βροτοι, και επει λυθεν, ουδεν αρ'εισιν.
Nēpioi ou gar sphin dolikhophrones eisi merimnai,
Oi dē ginesthai paros ouk eon elpizousi,

Ē ti katathēskein kai exollusthai apantē.
Ouk an anēr toiauta sophos phresi manteusaito,
Ōs ophra men te biōsi (to dē bioton kaleousi),
Tophra men oun eisin, kai sphin para deina kai esthla,
Prin te pagen te brotoi, kai epei luthen, ouden ar'eisin.

Ce sont des fous, et leur esprit est d'une bien petite envergure, ceux qui s'imaginent que quelque chose puisse naître sans avoir existé auparavant, ou que quelque chose puisse mourir et être totalement anéanti. Jamais le sage n'en viendra à penser que c'est seulement durant la vie (c'est-à-dire ce que nous appelons vie) que nous existons et que le bien et le mal nous affectent, alors que, avant la naissance et après la mort, nous ne serions rien.

Plutarque (Empédocle, Adversus Coloten, c. 12)

Nunc stans

Un *maintenant toujours permanent* ou un *instant éternel.*

Principium individuationis.

Le **principe d'individuation** est une "expression scolastique désignant ce qui confère à un individu, au sein de l'espèce à laquelle il appartient, son existence singulière et le différencie de tout autre de la même espèce."[1] "C'est ce qui fait qu'un être possède une existence concrète, singulière et stable, qui permet de le distinguer tant des objets environnants que des autres objets de même espèce."[2]

[1] Christian Godin, *Dictionnaire de philosophie*, Fayard, 2004, p. 649.

[2] Dina Dreyfus et Florence Khodoss, *Hume. L'homme et l'expérience*, PUF, 1967, p. 91.

Ο χρονος εικων του αιωνος   (o khronos eikōn tou aiōnos)

Le temps est une image de l'éternité.

Plotin

Lex parsimoniœ naturæ

Loi de l'économie et de la nature

Natura nihil facit supervacaneum
    La nature ne fait rien de superflu

Et nihil largitur
    Et elle ne fait pas de largesses

Vis naturæ medicatrix
    La force curative de la nature

Sentimus experimurque nos æternos esse
    Nous sentons et nous éprouvons que nous sommes éternels

Spinoza

Ex nihilo nihil fit, et in nihilum nihil potest reverti
    Rien ne naît de rien, et rien ne peut redevenir rien

Humano capiti cervicem pictor equinam Jungero si velit.
    Si un peintre voulait ajuster sous une tête humaine le cou d'un cheval.

Horace, (*Art poétique*, V. I.)

Against the system of the Bhagavatas, which is but partially heretical, the objection upon which the chief stress is laid by Vyasa is, that the soul would not be eternal, if it were a production, and consequently had a beginning.

De toutes les objections présentées au système des Bhagavatas, qui n'est hérétique qu'en partie, celle à laquelle Vyasa attache le plus de poids est que l'âme ne serait pas éternelle si elle était une chose créée et si elle avait, par conséquent, un commencement.

Colebrooke (*Histoire de la philosophie hindoue*)

The lot in hell of impious persons call'd Deitty is the most severe : these are they, who discrediting the evidence of Buddha, adhere to the heretical doctrine, that all living beings had their beginning in the mother's womb, and will have their end in death.

Dans l'enfer le sort le plus rigoureux est celui de ces impies du nom de Deitty : ce sont ceux qui, rejetant le témoignage de Bouddha, adhèrent à cette doctrine hérétique que tous les êtres vivants trouvent leur commencement dans le sein de leur mère et atteignent leur fin dans la mort.

Upham, (Doctrine of Buddhism)

Το γαρ ον αει εσται   (To gar on aei estai)

Car ce qui est sera éternellement

Stobée, (Éclogues, I, 43, 6.)

Securitati perpetuæ — bonæ quieti

Paix éternelle – bon repos

Κοινη μεν ουν παντες Ελληνες, οι την ψυχην αθανατον αποφηναμενοι, την μετενσωματωσιν δογματιζουσι.

(Koinē men oun pantes Ellēnes, oi tēn psukhēn athanaton apophēnamenoi, tēn metensōmatōsin dogmatizousi.)

Tous les grecs qui ont déclaré que l'âme était immortelle ont la croyance commune dans le passage de l'âme d'un corps dans un autre.

Némésius (Traité sur La Nature de l'Homme, Chap. II)

The metempsychosis is therefore the only system of this kind that philosophy can hearken to.

La métempsycose est par là le seul système de ce genre auquel la philosophie puisse prêter attention.

οτι προφητης τις των αρχαιων ανεστη

(oti prophētēs tis tōn arkhaiōn anestē)

Un des anciens prophètes était ressuscité

Luc (IX, 18-20)

Finditur nodus cordis, dissolvuntur omnes dubitationes, ejusque opera evanescunt, viso supremo illo.

Le nœud du cœur est fendu, tous les doutes sont dissipés, et ses œuvres s'évanouissent, une fois qu'il a cette vision suprême.

(Sancara, sloca 32.)

Restitutio in integrum

Rétablissement dans l'ancien état

Chap. 42 — Vie de l'espèce.

Seminis emissio est partis animæ jactura

L'émission de sperme est la perte d'une partie de l'âme.

Celse

Hic habitat felicitas

Ici demeure la Félicité

Æneadum genetrix, hominum divumque voluptas,
Alma Venus...

Mère des Enéades, plaisir des hommes et des dieux,
Vénus nourricière...

Lucrèce

CHAP. 43 — HÉRÉDITÉ DES QUALITÉS.

Naturæ sequitur semina quisque suæ.

Chacun suit sa nature

Sexus potior — sexus sequior

Sexe fort — Sexe faible

Mater semper certa est — Pater semper incertus

(L'identité de) la mère est toujours certaine — Le père est toujours incertain.

Mater semper certa est est un principe de droit romain irréfragable (qui a le pouvoir de *præsumptio iuris et de iure*, ce qui signifie qu'aucune contre-preuve ne peut être apportée à l'encontre de ce principe, littéralement : il est présumé qu'il n'existe aucune preuve contre et par la loi. Sa signification est que la mère de l'enfant est toujours connue.

Depuis 1978, lorsque le premier enfant a été conçu par la technique de fécondation *in vitro*, le principe du *"Mater semper certa est"* ne s'applique plus, car un enfant peut avoir à la fois une mère génétique et une mère naturelle ("de naissance"). Depuis lors, certains pays ont transformé l'ancien droit naturel en un droit codifié équivalent — en 1997, l'Allemagne a introduit le paragraphe 1571 "Mutterschaft" (la maternité), dans le BGB[7], définissant que *"Mutter eines Kindes ist die Frau, die es geboren hat"*[8].

Le principe de droit romain ne veut toutefois pas s'arrêter à la mère, en fait, il se poursuit avec *"pater est semper incertus"*. Cela a été régulée par la loi de *pater is est quem nuptiæ demonstrant* ("celui-là est le père que le mariage désigne"). Essentiellement les fraudes de paternité avaient été à l'origine une fraude au mariage dans le code civil (en Allemagne l'historique "Ehelichkeitsanfechtungsklage" a été tout simplement rebaptisé "Vaterschaftsanfechtungsklage" lorsque la paternité légale a été redéfinie) en raison de ce principe. Aujourd'hui, même les pères mariés utilisent souvent les outils modernes de tests d'ADN afin d'assurer une certitude sur leur paternité[9].

---

[7] Le code civil allemand (*Bürgerliches Gesetzbuch* abrégé en BGB) est le code de base du droit civil allemand

[8] *La mère d'un enfant est la femme qui a donné naissance à celui-ci.*

[9] Julie Rawe, « Duped Dads Fight Back », *Time Magazine U.S.*, 19 janvier 2007

En France, certaines jurisprudences se réfèrent à ce principe :

"Considérant que la loi française ne donne pas une définition de la mère tout comme elle ne dit pas que le mariage est l'union d'un homme et d'une femme tant ces notions sont inscrites dans les mentalités depuis des siècles ; que l'adage latin *mater semper certa est* qui signifie que la mère est celle qui a accouché de l'enfant trouve application en France même si ce principe est atténué par la possibilité d'accoucher anonymement et par l'obligation qu'a le plus souvent la mère naturelle de reconnaître son enfant ; qu'il est donc patent qu'en droit français la mère est celle qui porte l'enfant et lui donne la vie en le mettant au monde ; qu'en conséquence la réalité génétique seule ne crée pas la filiation maternelle »

— Cour d'appel de Rennes (6ème ch.), Arrêt 01/02471, du 4 juillet 2002.

Wikipédia

Fortes creantur fortibus et bonis.

Les vaillants sont engendrés par les vaillant et les braves.

Horace (*Odes*, IV, 4, v. 29)

Cowards father cowards, and base things sire base.

Les lâches engendrent des lâches, et de la bassesse nait la bassesse.

Shakespeare *(Cymbeline*, IV, 2.)

Gens Fabia — gens Fabricia.

Les **Fabii** sont les membres de la *gens Fabia*, une illustre famille de la Rome antique qui prétend descendre d'Hercule par une fille d'Évandre (un des héros légendaires des origines de Rome).

Les **Fabricii** sont les membres d'une famille plébéienne de la Rome antique connue depuis le début du 3ème siècle avant J.-C. par C. Fabricius Luscinius, consul, qui triompha des Étrusques et des Gaulois, fit la guerre à Pyrrhus et vainquit les Tarentins et les Samnites.

Præsagio fuit etiam Domitii, patris vox inter gratulationes amicorum negantis, quidquam ex se et Agrippina nisi detestabile et malo publico nasci potuisse.

On vit même un présage dans les paroles de son père Domitius qui, en réponse aux félicitations de ses amis, disait qu'il n'avait pu naître de lui et d'Agrippine rien de détestable et de funeste à l'État.

Suétone (*Vie de Néron*, chap. VI)

Uxor infamis

Épouse infâme

Liberum arbitrium indifferentiæ

Pouvoir de choisir ou de ne pas choisir un acte

La scolastique a considérablement réélaboré ce concept inventé par Saint Augustin, en s'appuyant sur Aristote. Les Grecs ignoraient le **libre arbitre**, n'ayant pas la notion de volonté mais plutôt celle d'acte volontaire, étudiée au troisième livre de l'Éthique à Nicomaque.

Dans ce livre, Aristote définit le volontaire par l'union de deux facultés : la spontanéité du désir (*agir par soi-même*), dont le contraire est la contrainte, et l'intentionnalité de la connaissance (*agir en fonction d'une cause et en connaissant cette cause*), dont le contraire est l'ignorance. Ainsi, j'agis volontairement quand :

a) *j'agis spontanément* (je trouve alors le principe de mes actes à l'intérieur de moi-même, contrairement à l'individu qui est emmené pieds et poings liés par des ravisseurs), et

b) *j'agis en sachant ce que je fais* (contrairement à celui qui administre à un patient un poison en croyant sincèrement lui administrer un remède, parce que le pharmacien a interverti les étiquettes).

Le volontaire suppose ainsi l'union de la spontanéité et de l'intentionnalité ; il est la condition de la responsabilité morale de l'individu (je ne saurais être tenu pour responsable du fait d'avoir quitté mon pays quand j'ai été enlevé par des agresseurs auxquels il m'était matériellement impossible d'échapper, ou quand j'ai franchi par mégarde une frontière qui n'était pas clairement signalée, en ayant eu l'intention de rester sur le territoire national). Ces analyses aristotéliciennes ont été fondamentales pour l'élaboration scolastique du concept de libre arbitre. Les théologiens chrétiens retiendront d'Aristote la notion de libre arbitre comme associant la volonté (spontanéité) et la raison (intentionnalité), et comme fondant la responsabilité de l'individu devant les lois morales, pénales et divines.

La scolastique définit traditionnellement le ***liberum arbitrium*** comme *facultas voluntatis et rationis* (faculté de la volonté et la raison : cf. Saint Thomas d'Aquin, Somme théologique, I, q. 82, a.2, obj. 2). Cette expression est exacte si elle désigne la collaboration de ces deux facultés dans la genèse de l'acte libre, mais erronée en un sens plus technique. À proprement parler, le libre arbitre est une puissance de la volonté (ibid., q. 83, a. 3) ; mieux, elle est la volonté elle-même en tant que la volonté opère des choix. Le libre arbitre, en son essence, n'est autre que la volonté dans la libre disposition d'elle-même ; vouloir, c'est décider librement, et c'est donc être libre. L'acte libre répond au schéma suivant : la volonté éprouve le désir d'un bien (*appétition*), qui constitue la fin de l'action ; elle sollicite la raison à délibérer sur les moyens de parvenir à ce bien (*délibération*), mais c'est à elle qu'appartient de choisir le moyen qui lui semble le plus approprié (*electio* en latin, qui signifie *choix*) pour parvenir à cette fin, de mouvoir le corps pour mettre en œuvre ces moyens (l'action à proprement parler), et de jouir du bien obtenu (*fruition*). C'est donc la volonté (plus que la raison) qui joue le rôle moteur et elle ne parviendrait à rien sans le concours de la raison. Dans ce schéma de l'action, le libre arbitre se manifeste tout particulièrement dans le choix, que Thomas d'Aquin définissait comme *l'actus proprius* (*l'acte éminent* ou *l'acte propre*) du liberum arbitrium.

Le concept de libre arbitre a fait l'objet de trois catégories de critiques, l'une *théologique* (attribuer à l'homme un libre arbitre, n'est-ce pas nier ou du moins, minimiser le rôle de la grâce divine dans l'œuvre du salut ?), l'autre *philosophique* (le libre arbitre ne revient-il pas à nier l'influence des motifs ou des mobiles qui déterminent nos choix et nos actions ?), et la dernière d'ordre soit *psychanalytique* (le libre arbitre n'est possible que si l'on est en mesure de dominer son inconscient) soit de ce que l'on appelle les sciences humaines. La première critique est motivée par le "prédestinationisme" : elle aboutit aux querelles autour de la prédestination caractéristiques de la Réforme dans sa version calviniste. La seconde est motivée par le "nécessitarisme" (mais aussi, dans une mesure plus complexe le "rationalisme"), le fatalisme et le déterminisme.

Wikipédia

Mater mea fuit memoria et ingenio pollens.

    Ma mère excellait par la mémoire et l'esprit

Cardan (De vita propria, Chapitre 3)

Our mother was a woman of singular merit.

    Notre mère était une femme d'un mérite singulier.

Hume

E duabus patriciis sororibus, ob divitias maritos nactis, cum tamen fatuis essent proximæ, novimus in nobilissimas gentes nunc a seculo retro ejus morbi manasse semina, ut etiam in quarta generatione, quintave, omnium posterorum aliqui fatui supersint.

Deux sœurs, de famille patricienne, avaient trouvé des maris en raison de leur richesse, bien qu'elles fussent presque complètement idiotes ; or nous savons que, depuis un siècle, les germes de cette maladie ont pénétré dans les familles les plus illustres, si bien que, jusque dans la quatrième ou cinquième génération, quelques-uns de leurs descendants sont idiots.

Haller (Elementa physiol., lib. XXIX, § 8.)

Mater prolifera promit, ante generationem, vivum compendium medullare novi animalis, suique simillimi, "carinam Malpighianam" dictum, tanquam plumulam vegetabilium : hoc ex genitura cor adsociat ramificandum in corpus. Punctum enim saliens ovi incubanltis avis ostendit prirnum cor micans, cerebrumque cum medulla : corculum hoc, cessans a frigore, excitatur calido halitu, premetque bulla aerea, sensim dilatata, liquores, secundum canales fluxiles. Punctum vitalitatis itaque in viventibus est tanquam a prima creatione continuata medullaris vitæ ramificatio, cum ovum sit gemma medullaris matris a primordio viva, licet non sua ante proprium cor paternum.

Une mère féconde produit, avant la génération, un vivant schéma médullaire du nouvel animal qui lui ressemble entièrement et qu'on appelle "carène de Malpighi", semblable au duvet des plantes ; le cœur, issu de la génération, s'annexe cette forme pour la ramifier dans le corps. En effet, le point vital dans l'œuf couvé par un oiseau montre au début un cœur palpitant et le cerveau avec la moelle ; ce petit cœur s'arrête sous l'action du froid, est stimulé par un souffle chaud, et exerce au moyen d'une bulle d'air, progressivement dilatée, une pression sur les liquides, en suivant les canaux qui les contiennent. Ainsi le point de vitalité des êtres vivants est en quelque sorte une ramification médullaire de la vie, poursuivie à partir de la génération, puisque l'œuf est un bourgeon médullaire de la mère, bourgeon qui vit dès le début, bien que sa vie propre ne commence qu'avec le cœur qui vient du père.

Linné (Systema naturæ, tome I)

Chap. 44 — Métaphysique de l'amour.

Sed ignotis perierunt mortibus illi
> Mais ils ont péri d'une mort ignorée.

Horace, (Satires, I, 3, v. 108)

Amor est titillatio, concomitante idea causæ externæ.
> L'amour est un chatouillement, accompagné de la représentation d'une cause extérieure.

Spinoza (Éthique IV, Proposition XLIV, Démonstration)

Dramatis personæ
> Les personnages du drame.

Meditatio compositionis generationis futurae, e qua iterum pendent innumeræ generationes
> Méditation sur la composition de la génération future, de laquelle dépendent à leur tour d'innombrables générations.

Αφροδιτη πανδημος et ουρανια

(Aphroditē pandēmos et ourania)

> L'amour vulgaire et l'amour céleste

ηδονη απαντων αλαζονεστατον.

(ēdonē apantōn alazonestaton.)

> Il n'y a rien qui soit imposteur autant que le plaisir.

Platon (Philèbe, 65, c)

Mentum prominulum
> Le menton proéminent

Sic visum Veneri ; cui placet impares
Formas atque animos sub juga ænea
Sævo mittere cum joco.

Ainsi l'a voulu Vénus ; elle se plaît, par un jeu cruel, à envoyer sous le joug d'airain des corps et des esprits mal assortis.

Horace, (*Odes*, I, 33, v. 10.)

Hi sunt, quos Deus copulavit, ut eam, quæ fuit Uriæ et David ; quamvis ex diametro (sic enim sibi humana mens persuadebat) cum justo et legitimo matrimonio pugnaret hoc..., sed propter Salomonem, qui aliunde nasci non potuit, nisi ex Bathseba, conjuncto David semine, quamvis meretrice, conjunxit eos Deus.

Voici ceux que Dieu a uni, comme celle qui appartint à Urie et David ; bien que cette union (selon la conviction de l'esprit humain) fût diamétralement opposée à un mariage juste et légitime... Mais à cause de Salomon, qui ne pouvait naître d'autres parents que de Bethsabée et David, même adultères, Dieu les a unis.

Théophraste Paracelse (*De vita longa*, I, 5)

Who ever lov'd, that lov'd not at first sight ?

Aima-t-il jamais, qui n'aima pas au premier regard ?

Shakespeare, (*You like it,* III, 5)

No es necessario, para que uno ame, que pase distancia de tiempo, que siga discurso, ni haga eleccion, sino que con aquella primera y sola vista, concurran juntamente cierta correspondencia ó consonancia, ó lo que acá solemos vulgarmente decir, una *confrontation de sangre*, à que por particular influxo suelen mover las estrellas

Pour aimer, il n'est pas besoin d'attendre longtemps, de réfléchir, de faire un choix ; il suffit que, dès le premier et l'unique coup d'œil, il se rencontre une certaine conformité, une certaine concordance mutuelle, ou ce que, dans la vie courante, nous avons coutume de nommer une sympathie du sang, qu'excite surtout en nous une influence spéciale des astres.

Mateo Aleman (Guzman d'Alfarache)

Cielos, luego tu me quieres ?
Perdiera cien mil victorias,
Volviérame, etc...

    Ciel ! Tu m'aimes donc ?
    À ce prix je renoncerais à cent mille victoires,
    Je reviendrais, etc.

Calderon (Grande Zénobie)

I ask not, I care not,
If guilt's in thy heart ;
I know that, I love thee,
Whatever thou art.

    Je ne demande pas, je ne m'inquiète pas de savoir si ton cœur est coupable : je t'aime, je le sais, quelle que tu sois.

I love and hate her.
    Je l'aime et je la hais.

Shakespeare, (Cymb, III, 5)

Συ δ'ω θεων τυραννε κ'ανθρωπων, Ερως !

(Su d'ō theōn turanne k'anthrōpōn, Erōs !)
    Toi, tyran des dieux et des hommes, Éros !

Euripide, (Andromède)

Quæ res in se neque consilium, neque modum habet ullum, eam consilio regere non potes.

    Ce qui n'a en soi ni raison ni mesure ne peut être gouverné par la raison.

Térence, (L'eunuque, v. 57 sq.)

Quien se casa por amores, ha de vivir con dolores

Mariages d'amour, vie de tourments

Proverbe espagnol

Chap. 44 — Appendice au chapitre précédent.

Οὕτως ἀναιδῶς ἐξεκινησας τόδε τὸ ῥῆμα καὶ τοῦ τοῦτο φεύξεσϑαι δοκεῖς ;
Πεφευγα τ'ἀληϑὲς γὰϱ ἰσχυϱον τϱέφω.

(Ohútōs anaidõs exekinēsas tóde tò rhēma kaì toũ toũto pheúxesϑai dokeĩs ?
Pepheuga t'alēϑès gàϱ iskhuϱon tϱéphō.

Avec quelle impudence as-tu osé prononcer cette parole ! Et où crois-tu pouvoir échapper au châtiment ?
– C'est déjà fait, car je nourris en moi la vérité toute-puissante.

Sophocle, (*Œdipe Roi*, v. 354 sqq.)

Apud Græcos opprobrio fuit adolescentibus, si amatores non haberent

Chez les Grecs, c'était une honte pour les jeunes gens de n'avoir pas d'amants.

Cicéron

Naturam expelles furca, tamen usque recurret.

Chassez la nature avec une fourche, elle reviendra toujours en courant.

Horace, (*Épitres*, I, 10, v. 24)

Τα γαρ των πρεσβυτερων εκγονα, καθαπερ τα των νεωτερων, ατελη γιγνεται, και τοις σωμασι, και ταις διανοιαις, τα δε των γεγηρακοτων ασθενη.

(ta gar tōn presβuterōn ekgona, kathaper ta tōn neōterōn, atelē gignetai, kai tois sōmasi, kai tais dianoiais, ta de tōn gegērakotōn asthenē)

Car les enfants d'hommes trop âgés, comme ceux d'hommes trop jeunes, ont des imperfections du corps et de l'esprit, et ceux des vieillards sont chétifs.

Aristote, (*Polit.*, VII, 16)

προς την ρωμην των σωματων και τελειοτητα δειν μητε νεωτερων αγαν, μητε πρεσβυτερων τους γαμους ποιεισθαι, ατελη γαρ γιγνεσθαι, κατ αμφοτερας τας ηλικιας, και τελειως ασθενη τα εκγονα.

(pros tēn rōmēn tōn sōmatōn kai teleiotēta dein mēte neōterōn agan, mēte presβuterōn tous gamous poieisthai, atelē gar gignesthai, kat amphoteras tas ēlikias, kai teleiōs asthenē ta ekgona.)

Pour obtenir des corps robustes et parfaits, il ne doit y avoir de mariages ni d'hommes trop jeunes, ni d'hommes trop vieux, car les enfants engendrés de ces deux âges de la vie laissent à désirer et sont, en fin de compte, débiles.

Stobée (*Ecl. eth.*, liv. II, c. VII *in fine*)

Ο παιδικος ερως, οψε γεγονως, και παρ ωραν τω βιω, νοθος και σκοτιος, εξελαυνει τον γνησιον ερωτα και πρεσβυτερον.

(O paidikos erōs, opse gegonōs, kai par ōran tō biō, nothos kai skotios, exelaunei ton gnēsion erōta kai presβuteron.)

La pédérastie naît tardivement, sur le déclin de la vie, et cet amour faux et secret chasse le véritable amour primitif.

Plutarque (*Liber amatorius*, chapitre V)

CHAP. 45 — DE L'AFFIRMATION DE LA VOLONTÉ DE VIVRE.

Homini tantum primi coitus pœnitentia : augurium scilicet vitæ, a pœnitenda origine.

L'homme seul se repent du premier coït ; ainsi le présage de la vie est à l'origine un repentir.

Pline (*Hist. nat.* X, 83)

Er verlangte von ihr, sie sollte ihm zu Willen sein

il lui demanda d'en faire à sa volonté.

The tree of knowledge has been pluck'd. – all's known.

Le fruit de l'arbre de la science a été cueilli. – Tout est connu.

Byron (*Don Juan*, I, 127.)

Natura naturans

La nature qui créée

CHAP. 46 — DE LA VANITÉ ET DES SOUFFRANCES DE LA VIE.

Then old age and experience, hand in hand,
Lead him to death, and make him understand,
After a search so painful and so long,
That all his life he has been in the wrong.

Alors, la vieillesse et l'expérience, la main dans la main,
Le conduisent à la mort et lui font reconnaître
Qu'après de si longs, de si pénibles efforts,
Il a été dans l'erreur, durant sa vie entière.

Mille piacer' non vagliono un tormento.

Mille jouissances ne valent pas un tourment.

Pétrarque, (*Sonnet* 195.)

Our life is a false nature, – 'tis not in
The harmony of things, this hard decree,
This uneradicable taint of sin.
This boundless upas, this all-blasting tree
Whose root is earth, whose leaves and branches be

The skies, which rain their plagues on men like dew –
Disease, death, bondage – all the woes we see –
And worse, the woes we se not – which throb trough
The immedicable soul, with heart-aches ever new.

> Notre vie est de nature fausse : elle ne peut
> Avoir place dans l'harmonie des choses, cette dure fatalité,
> Cette indestructible contagion du péché,
> Cet upas sans bornes, cet arbre qui infecte tout,
> Qui a pour racine la terre, pour feuilles et pour rameaux
> Les nuages, qui déversent, comme une rosée sur les hommes,
> Leurs fléaux – maladie, mort, esclavage – tous les maux visibles
> Et, qui pis est, tous les maux invisibles, dont est pénétrée
> L'âme incurable, agitée à chaque fois d'une douleur nouvelle.

Byron (*Childe Harold*, IV, 126)

Animi causa

Pour le plaisir

Sumus autem nos omnes corporibus et rebus subjecti Diabolo, et hospites sumus in mundo, cujus ipse princeps et Deus est. Ideo panis, quem edimus, potus, quem bibimus, vestes, quibus utimur, imo aer et totum quo vivimus in carne, sub ipsius imperio est.

Mais nous sommes tous, par nos corps et notre situation, soumis au diable, et nous ne sommes que des étrangers en ce monde dont il est le prince et le dieu. C'est pourquoi tout est sous son empire : le pain que nous mangeons, la boisson que nous buvons, les vêtements dont nous nous servons, et même l'air et tout ce qui permet notre vie charnelle.

Commentaire de Luther sur l'épître aux Galates, c. III

Sine quibus non

Pluriel de *sine qua non*

Sine qua non

Qui est indispensable, sans quoi rien ne peut se faire, ne peut avoir lieu.

Exemples :

- *Il a soigneusement évité aussi de se prononcer contre l'abrogation du texte, condition **sine qua non** posée par les syndicats pour amorcer un dialogue.* — (Journal *20 minutes*, édition Paris, n° 944 du 7 avril 2006)
- *Mais ces données ont des conditions **sine quibus non**, elles supposent que la liberté du commerce soutient le débit des productions à un bon prix.* — *(François Quesnay,* Analyse de la formule arithmétique du tableau économique de la distribution des dépenses annuelles d'une nation agricole, *1766)*

Identitas indiscernibilium

Identité des indiscernables

Leibniz a émis la proposition que deux objets ne peuvent jamais être complètement identiques. Il prenait comme exemple deux œufs ou deux feuilles d'arbres et tenait pour impossible leur complet accord sur toutes leurs caractéristiques ; s'il pouvait sembler y avoir quelque chose de ce genre, c'était dû à l'insuffisance de nos sens qui ne pouvaient percevoir la différence. À l'intérieur du système philosophique de Leibniz, cette proposition, couramment appelée *Principium identitas indiscernibilium*, est un théorème démontré par Leibniz. La preuve, que l'on ne reproduira pas ici, repose sur le principe de raison suffisante, mais présuppose également la conception propre à Leibniz de la nature de l'espace et des relations dites "externes".

K. Grelling (*Traduction François Schmitz*)

Primum vivere, deinde philosophari

D'abord vivre avant de philosopher.

Avant de philosopher, il faut subvenir à ses besoins matériels, et accumuler de l'expérience en profitant de la vie.

Perpetuum mobile

Mouvement perpétuel

Πρωτον ψευδος   (prauton pseudos)

Pseudos protons, πρῶτον ψεῦδος , littéralement le ***premier mensonge***, *erreur fondamentale* , est un concept de logique aristotélicienne . Il se réfère à la première fausse prémisse dans une déduction, qui est généralement suivie par d'autres déclarations fausses, même si elle est formellement correctement inférée.

Exemple:

Tux est un pingouin, donc un oiseau.
Tous les oiseaux peuvent voler. ← (*pseudos protons*)
Par conséquent, Tux peut voler.

Τον φυντα θρηνειν, εις οσ'ερχεται κακα
Τον δ'αυ θανοντα και πονων πεπαυμενον
Χαιροντας ευφημουντας εκπεμπειν δομων.

> (Ton phunta thrēnein, eis os'erkhetai kaka
> Ton d'au thanonta kai ponōn pepaumenon
> Khairontas euphēmountas ekpempein domōn.)

Il faut se lamenter sur le nouveau-né qui va vers tant de maux ;
Quant à celui qui est mort et qui a quitté ses misères,
Il faut l'escorter à la tombe joyeusement et avec des paroles de bon augure.

> Plutarque (Euripide, *Cresphonte*.)

Τω ουν βιω ονομα μεν βιος, εργον δε θανατος.

> (Tō oun biō onoma men bios, ergon de thanatos.)

La vie porte le nom de vie, mais son œuvre est la mort.

> Maxime d'Héraclite

Αρχην μεν μη φυναι επιχθονιοισιν αριστον,
Μηδ' εισιδειν αυγας οξεος ηελιοθ
Φυντα δ'οπως ωκιστα πυλας Αιδαο περησαι, Και κεισθαι πολλην γαρ επαμησαμενον.

> (Arkhēn men mē phunai epikhthonioisin ariston,
> Mēd' eisidein augas oxeos ēelioth
> Phunta d'opōs ōkista pulas Aidao perēsai, Kai keisthai pollēn gar
> epamēsamenon.)

Le plus enviable de tous les biens sur terre est de n'être point né, de n'avoir jamais vu les rayons ardents du soleil ; si l'on naît, de franchir au plus tôt les portes de l'Hadès et de reposer sous un épais manteau de terre.

Théognis (vers 425 sqq. Trad Carrière, *Les Belles-Lettres*.)

Μη φυναι τον απαντα νικα λογον το δ'επει φανη, Βηναι κειθεν, οθεν περ ηκει, πολυ δευτερον, ως ταχιστα.

> (Mē phunai ton apanta nika logon to d'epei phanē, Bēnai keithen, othen per ēkei, polu deuteron, ōs takhista.)

Ne pas naître, tel est le sort qui l'emporte sur tous les autres ; mais, une fois né, retourner d'où l'on vient, le plus vite possible, voilà ce qui s'en approche le plus.

Sophocle, dans l'Œdipe *à Colone* (1225)

Πας δ'οδυνηρος βιος ανθρωπων, Κουκ εστι πονων αναπαυσις.

> (Pas d'odunēros bios anthrōpōn, Kouk esti ponōn anapausis.)

La vie humaine n'est que souffrances, et il n'y a nulle trêve à ses peines.

Euripide *(Hippol., v. 189.)*

Ου μεν γαρ τι που εστιν οιζυρωτεπον ανδρος Παντων, οσσα δε γαιαν επι πνειει τε και ερπει.

> (Ou men gar ti pou estin oizurōtepon andros Pantōn, ossa de gaian epi pneiei te kai erpei.)

Il n'y a rien de plus misérable que l'homme, entre tous les êtres qui respirent et se meuvent sur la terre.

Homère (*Il.*, XVII, v. 446.)

Quapropter hoc primum quisque in remediis animi sui habeat, ex omnibus bonis, quæ homini natura tribuit, nullum melius esse tempestiva morte.

Aussi chacun doit-il placer au premier rang des remèdes de son âme la pensée que, parmi tous les biens accordés à l'homme par la nature, il n'en est pas de meilleur qu'une mort opportune.

Pline (*Hist., nat.*, XXVIII, 2.)

O heaven ! that one might read the book of fate,
And see the revolution of the times, how chances mock,
And changes fill the cup of alteration.
With divers liquors ! O, if this were seen,
The happiest youth, – wiewing his progress through,
What perils past, crosses to ensue, –
Would shut the book, and sit him down and die.

Oh ! si on pouvait lire dans le livre de la destinée, si on pouvait y voir les révolutions des temps, les railleries de la fortune à notre adresse, et les breuvages successifs que nous présentent les vicissitudes des choses, – oh ! celui qui le verrait ! serait-il le plus joyeux des jeunes gens, en parcourant du regard le cours de sa vie, les épreuves passées, les menaces de l'avenir, il fermerait le livre à grand bruit, il s'assiérait sur lui et il mourrait.

Shakespeare (*Henri IV*)

Count o'er the joys thine hours have seen,
Count o'er thy days from anguish free,
And know, whatever thou hast been,
'Tis something better not to be.

Fais le compte des joies qu'ont vues tes heures ;
Fais le compte des jours qui ont été libres d'angoisse ;
Et sache que, quoi que tu puisses avoir été,
Il est encore quelque chose de meilleur : c'est de ne pas être.

Byron

CHAP. 47 — DE LA MORALE.

Operari sequitur esse.

L'agir s'ensuit de l'être.

E quovis ligno fit Mercurius

Il est du bois dont on fait Mercure.

On dit aussi en français :

"Il est du bois dont on les fait", ce qui signifie donner à entendre qu'une personne a les talents, les qualités ou l'aptitude voulue pour obtenir un honneur ou une dignité. Ce proverbe déjà connu au XVIIe siècle tire son origine de l'anecdote suivante :

"Un gentilhomme sollicitait le maréchalat. S'adressant au maréchal de la Meilleraye à qui il demandait sa protection, il lui dit : Si je ne suis pas maréchal de France, je suis du bois dont on les fait. – Vous avez raison, répartit le maréchal, quand on en fera de bois, vous pourrez y prétendre."

Cette locution a été tirée d'un proverbe grec attribué à Pythagore dont voici la traduction latine : **Non e quovis ligno fiat Mercurius** dont Régnier (XVIe siècle) a rendu le sens dans le vers suivant :

"De tout bois, comme on dit. Mercure on ne façonne",
donnant à entendre par là qu'il fallait employer pour faire la statue de ce dieu (qui était dieu des beaux-arts) un bois bien plus précieux que pour celle, par exemple, de Pan, dieu des bergers.

Est quodam prodire tenus, si non datur ultra.

On peut au moins marcher jusqu'à une certaine limite, si on ne peut aller plus loin.

(Horace, *Épîtres*, livre 1, 1, vers 32)

Φευ ειθ ην εμαυτον προσβλεπειν εναντιον Στανθ, ως εδακρυς, οια πασχομεν κακα.

(Pheu eith ēn emauton prosϐlepein enantion Stanth, ōs edakrus, oia paskhomen kaka.)

Hélas ! Si je pouvais me voir moi-même en face, pleurant les maux que j'endure.

Euripide

σωφροσυνη   (sôphrosúnê)

État sain de l'esprit ou du cœur.

Bon sens, prudence.

(Par suite) Modération dans les désirs, tempérance.

Jus talionis

La **loi du talion**, une des lois les plus anciennes, consiste en la réciprocité du crime et de la peine. Cette loi est souvent symbolisée par l'expression *Œil pour œil, dent pour dent.*

Elle caractérise un état intermédiaire de la justice pénale entre le système de la vendetta et le recours à un juge comme tiers impartial et désintéressé.

Le mot *talion* a pour origine *talis*, ce qui en latin signifie *tel, pareil*, mais aussi *semblable.*

Thoughts beyond the reaches of our souls.

Des pensées qui excèdent la portée de nos âmes

Shakespeare (*Hamlet*)

Chap. 48 — Théorie de la négation du vouloir-vivre.

αγαθον   (agathon)

Du grec ancien (ἀγαθός, *agathos*) : bon, de bonne qualité.

Honestum

La beauté morale

Culpa omni carens.

Libre de toute faute

Cicéron (*Tusculanes*, V, 1)

Pues el delito mayor
Del hombre es haber nacido.

Car le plus grand crime
De l'homme, c'est d'être né.

Calderon (*La vie est un songe*, I, 2)

ὁ νομος   (ó nomos)

La loi

Redeeming feature

La caractéristique rédemptrice

Abnegatio sui ipsius

Le renoncement à soi-même

Finditur nodus cordis, dissolvuntur omnes dubitationes, ejusque opera evanescunt, viso supremo illo.

Le nœud du cœur est fendu, tous les doutes sont dissipés, et ses œuvres s'évanouissent, une fois qu'il a cette vision suprême.

(Sancara, sloca 32.)

μετανοια και αφεσις αμαρτιων

(metanoia kai aphesis amartiōn)

La repentance et le pardon des péchés

Summus philosophus

Le suprême philosophe

Τη Σαλωμη ο κυριος πυνθανομενη, μεχρι ποτε θανατος ισχυσει ; μεχρις αν, ειπεν, υμεις, αι γυναικες, τικτητε.

(Tē Salōmē o kurios punthanomenē, mekhri pote thanatos iskhusei ? mekhris an, eipen, umeis, ai gunaikes, tiktēte.)

Lorsque Salomé demanda au Seigneur combien de temps encore durerait le règne de la mort, il répondit : "Aussi longtemps que vous, les femmes, continuerez à enfanter".

Clément d'Alexandrie (*Stromates*, III, 6 et 9)

τουτ εστι, μεχρις αν αι επιθυμιαι ενεργωαι

(tout esti, mekhris an ai epithumiai energōai)

C'est-à-dire aussi longtemps qu'agiront les désirs

(Ibid., Chapitre 9)

Πυνθανομενης της Σαλωμης, ποτε γνωσθησεται τα περι ων ηρετο, εφη ο κυριος Οταν της αισχυνης ενδυμα πατησητε, και οταν γενηται τα δυο εν, και το αρρεν μετα της θηλειας ουτε αρρεν, ουτε θηλυ.

(Punthanomenēs tēs Salōmēs, pote gnōsthēsetai ta peri ōn ēreto, ephē o kurios Otan tēs aiskhunēs enduma patēsēte, kai otan genētai ta duo en, kai to arrhen meta tēs thēleias oute arrhen, oute thēlu.)

Lorsque Salomé demanda quand seraient révélées les choses qu'elle avait demandées, le Seigneur répondit : "Quand vous foulerez au pieds les voiles de votre pudeur, quand les deux sexes deviendront un seul, quand le sexe masculin sera comme le sexe féminin et qu'il n'y aura plus ni l'un ni l'autre".

Épître aux Romains

εγκρατεια   (enkrateia)

Empire sur soi-même, modération.

Abstinence

Mot dérivé de ἐγκρατής, *enkratês* ("maitre de soi") avec le suffixe -ια, -*ia*.

Nuptias damnant, atque omnino pares eas fornicationibus aliisque corruptionibus faciunt : nec recipiunt in suum numerum conjugio utentem, sive marem, sive fœminam. Non vescuntur carnibus, easque abominantur.

Ils condamnent le mariage et le rangent sur le même plan que la fornication et d'autres perversions. Ils n'admettent parmi eux ni femme ni homme mariés. Ils ne mangent pas de viande et l'ont en horreur.

Saint Augustin *(De hæresi ad quod vult Deum,* hær. XXV.)

αγνεια   (agneia)

Pureté, chasteté

Οτι υποπιπτοντες εσμεν τη του προπατορος καταδικη... επειδη ο προηγουμενος σκοπος του Θεου ην, το μη δια γαμου γενεσθαι ημας και φθορας η δε παραβασις της εντολης τον γαμον εισηγαγεν δια το ανομησαι τον Αδαυ.

(Oti upopiptontes esmen tē tou propatoros katadikē... epeidē o proēgoumenos skopos tou Theou ēn, to mē dia gamou genesthai ēmas kai phthoras ē de paraβasis tēs entolēs ton gamon eisēgagen dia to anomēsai ton Adau.)

Parce que nous sommes sous le coup de la malédiction de notre premier père... Car c'était le but fixé à l'avance par Dieu, que nous ne naissions pas par le mariage et la corruption ; mais la transgression de ce commandement a introduit le mariage, en raison de la désobéissance d'Adam.

Saint Athanase (*Exposit. in psalm., 50.*)

genus mali inferioris, ex indulgentia ortum

Une sorte de moindre mal, né de l'indulgence

Tertullien (*De pudicitia*, c. XVI)

Matrimonium et stuprum est commixio carnis ; scilicet cujus concupiscentiam Dominus stupro adæquavit. Ergo, inquis, jam et primas, id est unas nuptias destruis ? Nec immerito : quoniam et ipsæ ex eo constant, quod est stuprum.

Le mariage, comme l'adultère, est un commerce de la chair ; en effet, le Seigneur a assimilé le désir charnel à l'adultère. – Mais, dira-ton, tu rejettes donc aussi le premier des mariages, le seul à cette époque ? – Certes, et je le fais à bon droit, puisque lui aussi consiste dans ce qu'on appelle adultère.

Tertullien (*De exhort. castit.*, c. IX.)

Novi quosdam, qui murmurent : quid, si, inquiunt, omnes velint ab omni concubitu abstinere, unde subsistet genus humanum ? – Utinam omnes hoc vellent ! dumtaxat in caritate, de corde puro, et conscientia bona, et fide non ficta multo citius Dei civitas compleretur, ut acceleraretur terminus mundi.

J'en sais qui murmurent et disent : et si tout le monde voulait s'abstenir, comment le genre humain subsisterait-il ? – Si seulement ils le voulaient tous ! Pourvu que ce soit dans l'amour, avec un cœur pur, une bonne conscience, une foi sincère : ainsi la cité de Dieu se réaliserait plus vite, et la fin du monde serait hâtée.

Saint Augustin (De bono conjugali, c. X.)

Non vos ab hoc studio, quo multos ad imitandum vos excitatis, frangat querela sanorum, qui dicunt : quomodo subsistet genus humanum, si omnes fuerint continentes ? Quasi propter aliud retardetur hoc sæculum, nisi ut impleatur prædestinatus numerus ille sanctorum, quo citius impleto, profecti nec terminus sæculi differetur.

Dans cet effort, par lequel vous suscitez beaucoup d'émules, ne vous laissez pas abattre par le vain reproche de ceux qui disent : Comment subsistera le genre humain, si tout le monde pratique la continence ? – Comme s'il y avait à la prolongation de l'existence de ce monde une autre raison que la nécessité d'atteindre le nombre prédestiné de saints : plus vite il sera atteint, moins la fin des temps se fera attendre.

Saint Augustin (De bono viduitatis, c. XXIII.)

προσαποτεινομενον τον Παυλον τω Κτιστη κ. τ. λ.

(prosapoteinomenon ton Paulon tō Ktistē k. t. l.)

Saint Paul s'opposant au Créateur, etc.

Clément d'Alexandrie

φύσιν κακὴν ἔκ τε ὕλης κακῆς   (phusis kakē, ek te ulēs kakēs)

La nature est mauvaise, et d'une mauvaise matière.

Clément d'Alexandrie (Stromates, Livre III, Chapitre 3)

μὴ βουλόμενοι τὸν κόσμον ... συμπληροῦν ἀπέχεσθαι γάμου

(mè boulómenoi tòn kósmon ... sumplēroũn apékhesthai gámou)

Ils refusent de peupler le monde ... et veulent qu'on s'abstienne du mariage.

Clément d'Alexandrie (*Stromates*, Livre III, Chapitre 3)

ἀντιτασσόμενοι τῷ ποιητῇ τῷ σφῶν *καὶ σπεύδοντες πρὸς τὸν κεκληκότα ἀγαθόν, ἀλλ᾽ οὐ τὸν ὥς φασι θεὸν ἐν ἄλλῳ τρόπῳ, ὅθεν οὐδὲν ἴδιον καταλιπεῖν ἐνταῦθα βουλόμενοι οὐ τῇ προαιρέσει γίνονται* **ἐγκρατεῖς, τῇ δὲ πρὸς τὸν πεποιηκότα ἔχθρᾳ, μὴ βουλόμενοι χρῆσθαι τοῖς ὑπ᾽ αὐτοῦ κτισθεῖσιν.** *Ἀλλ᾽ οὗτοί γε ἀσεβεῖ θεομαχίᾳ τῶν κατὰ φύσιν ἐκστάντες λογισμῶν*

(antitassómenoi tõ poiētẽ tõ sphõn kaì speúdontes pròs tòn keklēkóta agathón, all᾽ ou tòn hós phasi theòn en állõ trópõ, hóthen oudèn ídion katalipeĩn entaũtha boulómenoi ou tẽ proairései gínontai enkrateĩs, tẽ dè pròs tòn pepoiēkóta ékhthrą, mè boulómenoi khrẽsthai toĩs hup᾽ autoũ ktistheĩsin. All᾽ hoũtoí ge asebeĩ theomakhíą tõn katà phúsin ekstántes logismõn)

Ils font profession ouverte de résister à leur Créateur et de tendre vers l'être bon qui les a appelés, et non vers celui qui est Dieu, disent-ils, d'une autre manière. Et par suite de cette résistance, pour ne rien omettre sur ce point de tout ce qui est en leur pouvoir, ils embrassent la continence, non par estime pour elle, mais par haine pour le Créateur, et pour ne point user de ce qui a été créé par lui

Clément d'Alexandrie (*Stromates*, Livre III, Chapitre 3)

ἀχαριστεῖν τῷ δημιουργῷ   (akharisteĩn tõ dēmiourgõ)

Ingrats envers le créateur

Clément d'Alexandrie (*Stromates*, Livre III, Chapitre 3)

δι᾽ ἀντίταξιν τὴν πρὸς τὸν δημιουργὸν τὴν χρῆσιν τῶν κοσμικῶν παραιτουμένου.

(di᾽ antítaxin tèn pròs tòn dēmiourgòn tèn khrẽsin tõn kosmikõn paraitouménou.

Par suite de la guerre qu'il a déclarée au Créateur, *[Marcion]* se refuse à user des choses de ce monde.

Clément d'Alexandrie (*Stromates*, Livre III, Chapitre 4)

δι᾿ ἐγκρατείας ἀσεβοῦσιν εἴς τε τὴν κτίσιν καὶ τὸν ἅγιον δημιουργὸν τὸν παντοκράτορα μόνον θεὸν καὶ διδάσκουσι μὴ δεῖν παραδέχεσθαι γάμον καὶ παιδοποιίαν μηδὲ ἀντεισάγειν τῷ κόσμῳ δυστυχήσοντας ἑτέρους μηδὲ ἐπιχορηγεῖν τῷ θανάτῳ τροφὴν

(δι᾿ ἐγκρατείας ἀσεβοῦσιν εἴς τε τὴν κτίσιν καὶ τὸν ἅγιον δημιουργὸν τὸν παντοκράτορα μόνον θεὸν καὶ διδάσκουσι μὴ δεῖν παραδέχεσθαι γάμον καὶ παιδοποιίαν μηδὲ ἀντεισάγειν τῷ κόσμῳ δυστυχήσοντας ἑτέρους μηδὲ ἐπιχορηγεῖν τῷ θανάτῳ τροφὴν)

[Ceux qui] par une apparente pratique de continence, impies envers la créature et le saint Créateur, envers le seul Dieu tout-puissant, enseignent qu'il ne faut point admettre le mariage, ni la procréation des enfants, ni introduire à sa place dans le monde d'autres êtres destinés au malheur, ni fournir des aliments à la mort.

Clément d'Alexandrie (*Stromates*, Livre III, Chapitre 6)

αυτος ειπεν ο Σωτηρ "ηλθον καταλυσαι τα εργα της θηλειας" θηλειας μεν, της επιθυμιας εργα δε, γενεσιν και φθοραν.

(autos eipen o Sōtēr "ēlthon katalusai ta erga tēs thēleias" thēleias men, tēs epithumias erga de, genesin kai phthoran.)

Le sauveur lui-même a dit : "Je suis venu pour abolir les œuvres de la femme." La femme, c'est-à-dire le désir ; les œuvres, c'est-à-dire la génération et la destruction.

IXe chapitre tiré de l'Évangile des Égyptiens

υπακοη και παρακοη   (upakoē kai parakoē)

    obéissance et désobéissance

ημιν, τοις πεπλασμενοις υπο της του Παντοκρατορος βουλησεως

                (ēmin, tois peplasmenois upo tēs tou Pantokratoros boulēseōs)

    à nous qui sommes les créatures issues de la volonté du Tout-Puissant

λατρευειν Θεω ζωντι   (latreuein Theō zōnti) servir dieu vivant

dolor

doloris ortus

doloris interitus

octopartita via ad doloris sedationem

> La souffrance,
>
> L'origine de la souffrance,
>
> La cessation de la souffrance,
>
> L'octuple sentier qui mène à la cessation de la souffrance.
>
> Les 4 nobles vérités du Bouddha

πάντα καλά λίαν   (panta kala lian)

> Tout excellemment bon.
>
> (Génèse)

Ubi natura, quemadmodum a Deo nobis insita est, fertur ac rapitur, fieri nullo modo potest, ut extra matrimonium caste vivatur.

> Lorsque la nature, comme Dieu l'a créée en nous, s'emporte avec violence, il est impossible de vivre chastement en dehors du mariage
>
> Luther

Sensu proprio

> Au sens propre

Sensu allegorico

> Au sens symbolique

Lusus ingenii

> Jeu d'esprit

δεύτερος πλοῦς   (deúteros ploũs)
   Seconde manière de naviguer

Out of these convertites
There is much matter to be heard and learn'd.
   De ces convertis,
   Il y a beaucoup à entendre et à apprendre.
        Shakespeare (*As you like it*, scène dernière.)

μακαριοι οι πτωχοι   (makarioi oi ptōkhoi)
   Heureux les pauvres
τω πνευματι   (tō pneumati)
    En esprit
   πεινωντες   (peinōntes)
     Ceux qui ont faim
    την δικαιοσυνην   (tēn dikaiosunēn)
      De la justice
         Matthieu (V, 3)

ουαι
   Malheur

πλουσιοις, εμπεπλησμενοις, γελωσι
        (plousiois, empeplēsmenois, gelōsi)
   Riches, rassasiés, rieurs

CHAP. 49 — L'ORDRE DE LA GRÂCE.

Bonum tunc habebis tuum quum intelliges infelicissimos esse felices.

Tu possèderas ton bien en propre quand tu reconnaitras que les hommes heureux sont les plus malheureux.

Sénèque

Finditur nodus cordis, dissolvuntur omnes dubitationes, ejusque opera evanescunt.

Le nœud du cœur est fendu, tous les doutes sont dissipés, et ses œuvres s'évanouissent.

(Sancara, sloca 32.)

CHAP. 50 — ÉPIPHILOSOPHIE.

De mirabili divina ignorantia, qua Deus non intelligit quid ipse sit

Sur la merveilleuse ignorance divine grâce à laquelle Dieu ne sait pas ce qu'il est lui-même

Jean Scot Érigène (Livre II)

Instabilis tellus, innabilis unda

Terre sur laquelle on ne peut se tenir, onde dans laquelle on ne peut nager.

Ovide, (Métam., I, 16)

εν και παν   (en kai pan)

Un et Tout

παν θεος   (pan theos)

Tout est dieu

Animi causa

Par fantaisie

Vivere, agere, suum Esse conservare, ex fundamento proprium utile quærendi.

Vivre, agir, conserver son être, en cherchant radicalement son propre avantage.

Spinoza (Eth., IV)

πάντα καλά λίαν   (panta kala lian)

Tout excellemment bon.

(Génèse)

Unusquisque tantum juris habet quantum potentia valet.

Chacun a autant de droit qu'il a de puissance.

Spinoza (Tractatus theologicopoliticus, c. II, § 8)

Fides alicui data tamdiu rata manet, quamdiu ejus, qui fidem dedit, non mutatur voluntas.

Une promesse faite reste valable aussi longtemps que la volonté de celui qui l'a faite ne change pas.

Spinoza (Tractatus theologicopoliticus, c. II, § 12)

Uniuscujusque jus potentia ejus definitur.

Le droit de tout homme est déterminé par la puissance qu'il détient.

Spinoza (Eth., IV, pr. 37, schol. 1)

Quo semel est imbuta recens servabit odorem.

(L'argile) conservera longtemps le parfum dont elle s'est une fois imprégnée.

Horace, (Épîtres, I, 2, v. 69)

Non datur tertium

Il n'y a pas de troisième possibilité

L'ART D'AVOIR TOUJOURS RAISON

Avant-propos

λογιζεσθαι   (logizesthai)
    Considérer, réfléchir

διαλεγεσθαι   (dialegesthai)
    Converser

διαλεκτικη   (dialektikē)
    Dialectique

διαλεκτκη πραγματεια   (dialektkē pragmateia)
    Activité dialectique

διαλεκτικος ανηρ   (dialektikos anēr)
    Homme de dialectique

τα διαλεκτικα   (ta dialektika)
    La dialectique

λογικη   (logiké)
    Logique

λογικας δυσχερειας   (logikas duschereias)
    Difficultés logiques

argutias
    subtilité : raffinement dans le raisonnement.

προτασιν λογικην   (protasin logikén)

   Prémisses logiques

αποριαν λογικην   (aporian logikén)

   Aporie logique

L'aporie est une impasse dans un raisonnement procédant d'une incompatibilité logique. Problème logique impossible qui n'a pas de solution, qui ne peut pas être résolu.

Dialecticam inventam esse, veri et falsi quasi disceptatricem

   La dialectique a été inventée pour discerner le vrai du faux.

Cicéron (Lucullus)

Stoici enim judicandi vias diligenter persecuti sunt, ea scientia, quam Dialecticen appellant.

   Les stoïciens ont soigneusement étudié les méthodes du jugement, et cette science, ils l'appellent dialectique.

Cicéron (Topiques, Ch. 2)

Itaque hæc pars dialecticæ, sive illam disputatricem dicere malimus...

   C'est pourquoi cette partie de la dialectique ou, comme nous préférons l'appeler, l'art de la dispute ...

Quintilien

Per fas et nefas

Du latin *Per fas* "ce qui est permis" et *nefas* "ce qui n'est pas permis" est une locution latine qui signifie **"par toutes les voies, par tous les moyens possibles"**

το πιθανον   (to pithanon)

   Le possible, ou le vraisemblable

Διαλεκτικη δε εστι τεκνη λογων, δί ης ανασκευαζομεν τι η κατασκευαζομεν, εξ ερωτη σεως και αποκρισεως των προσδιαλεγομενων.

(Dialektikē de esti teknē logōn, dí ēs anaskeuazomen ti ē kataskeuazomen, ex erōtē seōs kai apokriseōs tou prosdialegomenōn.)

La dialectique est l'art d'établir ou de détruire quelque proposition par demandes et par répliques.

Traduction alternative :

La dialectique est l'art de la discussion ; elle enseigne à réfuter ou à établir une opinion au moyen du dialogue.

Diogène Laërce, (*Vita Platonis*, Livre III, 48)

Pro aris et focis

Pour nos autels et nos foyers

Pro aris et focis est une locution latine utilisée comme devise par de nombreuses familles, les institutions civiles et régiments militaire.

Elle a le sens de *"Pour Dieu et pour la patrie"* ou, littéralement, *"pour nos autels et nos maisons"* et a été utilisé par les auteurs anciens pour exprimer l'attachement à tout ce qui est cher et vénérable. Ce peut être traduit idiomatiquement *"pour le cœur et la maison"* en fait, le mot latin *"aris"* est généralement rapporté aux autels des esprits de la maison et il est ensuite utilisé par extension pour la maison de famille.

Doctrina sed vim promovet insitam.

L'instruction améliore les dons innés.

δόξα   (doxa)

Opinion

Veritas est in puteo

εν βνϑω η αληϑεια   (en vntho i alitheia)

La vérité est au fond du puits

selon Démocrite (Diogène Laërce, IX, 72)

πραγματεια   (pragmateia)

    affaire, activité, occupation

Αγωνιστικον της περι τους εριστικους λογους θεωριας

                  (Agōnistikon tēs peri tous eristikous logous θeōrias)

    De l'art de la discussion et de la controverse.

ενδοξα   (endoxa)

probabilia

    L'opinion commune

    Ce qui est probable, digne de foi.

re intellecta, in verbis simus faciles.

    Ce qu'on conçoit bien s'énonce facilement.

επιθυμητικόν   (epithumitikón)

    Partie de l'âme qui, selon Platon, contient les désirs et les émotions.

θυμοειδες   (thumoeidés)

    Partie de l'âme qui, selon Platon, engendre le cœur, la volonté et les sentiments.

Omnium, quæ sunt inter se contraria, necesse est eorum causas inter se esse contrarias; unam enim eandemque causam diversa, inter se contraria efficere ratio prohibet.

    Pour toutes les choses qui s'opposent, il faut qu'il y ait des causes opposées : en effet, la raison interdit qu'une seule et même cause produise des effets divers mais opposés.

Experientia docet

    On apprend grâce à l'expérience

Lex parsimoniæ naturæ

"Loi de parcimonie de la nature".

Latin médiéval : les meilleures explications sont celles qui nécessitent le moins d'hypothèses.

La nature prend le chemin le plus court.

Natura nihil facit frustra

La nature ne fait rien en vain.

Ad rem

Locution latine signifiant "**à la chose**". Répondre ad rem, répondre catégoriquement, d'une manière précise et sans réplique.

Ad hominem — ad personam — ad rem

L'argument *ad hominem* vise tout particulièrement l'opinion d'une personne ou d'un groupe en particulier, les préjugés de la personne de l'adversaire ou de la personne du locuteur; l'argument *ad personam* vise la personne elle-même de l'adversaire en lui opposant ses actes ou ses déclarations, en la mettant en contradiction avec elle-même.

L'argument *ad hominem* s'oppose à l'argument *ad rem*, qui concerne la vérité ou la chose elle-même plutôt que l'opinion. L'argumentation *ad rem* est valable pour toute l'humanité raisonnable, tandis que l'argumentation *ad hominem* se base sur ce que la personne croit ou admet. Elle permet d'argumenter dans le cadre du préjugé, au lieu de le combattre. L'argument *ad hominem* est souvent avancé dans la doctrine et la jurisprudence.

Ad hominem

Locution latine signifiant "**à l'homme**". [ne s'emploie que dans l'expression *argument ad hominem*. Cet argument consiste à retourner contre l'adversaire, en vue de le confondre, ses propres actes et ses propres paroles]

Argument *ex concessis*

Ou argument *ad hominem* peut être un *"argument qui consiste surtout à retourner contre l'adversaire ses propres assertions, concessions ou actions"*

Ce peut être aussi un argument fallacieux du genre :

Être végétarien est anti-américain, la preuve, Hitler était végétarien !

Nego majorem

Je nie la majeure

Manière élégante de dire "Tu raisonnes comme une bille"

Nego minorem

Je nie la mineure

Nego consequentiam

Je nie la conclusion

Exemplum in contrarium

Contre-exemple

L'*exemplum in contrarium* veut prouver que, si la règle subsiste, il existe néanmoins une catégorie d'événements auxquels elle n'est pas applicable.

Contra negantem principia non est disputandum.

Il ne faut pas discuter avec quelqu'un qui nie les principes

C'est-à-dire :

Inutile de discuter lorsqu'on ne s'accorde pas sur les principes.

Deductio ad absurdum ou plus exactement *reductio ad absurdum*

Raisonnement par l'absurde ou **apagogie** (du grec ancien *apagôgê*) est une forme de raisonnement logique, philosophique, scientifique consistant soit à démontrer la vérité d'une proposition en prouvant l'absurdité de la proposition complémentaire (ou "contraire"), soit à montrer la fausseté d'une proposition en déduisant logiquement d'elle des conséquences absurdes.

STRATAGÈME I : L'EXTENSION

puncti (ou *punctum*)
> Le champ de discussion.

status controversiæ
> L'état de la controverse.

STRATAGÈME II : L'HOMONYMIE

Ex homonymia
> Par homonymie

Omne lumen potest extingui
Intellectus est lumen
Intellectus potest extingui
> Toute lumière peut être éteinte,
> L'intelligence est une lumière,
> Donc l'intelligence peut être éteinte.

STRATAGÈME III : LA GÉNÉRALISATION DES ARGUMENTS ADVERSES

Sophisma a dicto secundum quid ad dictum simpliciter

Sophisme qui consiste à passer de ce qui est vrai à quelque égard à ce qui est vrai simplement.

Exemple :
Le vin fait du mal à ceux qui ont la fièvre,
Donc le vin est nuisible.

Ignoratio elenchi

En latin, l'expression *ignoratio elenchi* veut dire une *"ignorance de la réfutation"*. Ici, elenchi est le génitif singulier du mot latin *elenchus* qui vient du grec ἔλεγχος *(elenchos)* ou réfutation. Chez Socrate, l'elenchos est ainsi un mode d'argumentation grâce auquel il montre à son interlocuteur qu'il se contredit. L'ignoratio elenchi est ainsi l'ignorance de ce qu'on doit prouver contre son adversaire.

L'ignoratio elenchi, ou *"conclusion excessive"* est un sophisme qui consiste à prouver autre chose que ce qui est en question. L'erreur n'est pas seulement un défaut de logique mais également un défaut de raisonnement.

Pour mieux combattre son adversaire dans le débat, il s'agit ainsi de lui attribuer quelque chose qu'il n'a pas dite ou faite, ou lui imputer les conséquences qu'on s'imagine pouvoir tirer de ses idées. Le débatteur déplace la question, il prouve ainsi une proposition autre que celle qu'il doit prouver. Par exemple, quand A et B débattent de savoir si la loi autorise A à faire une chose et que A allègue que la loi **devrait** le lui permettre, ce dernier réalise une **ignoratio elenchi**.

"Telle que la définit Aristote (*Réfutations sophistiques*, 167 A 21-35), l'**ignoratio elenchi** repose sur l'absence de définition ou sur la définition défectueuse d'un syllogisme ou d'une réfutation. C'est donc un faux raisonnement reposant sur une confusion, comme lorsque l'on dit qu'une même chose est double et n'est pas double. C'est au fond une confusion de langage (*Réfutations sophistiques*, 167 A 35). Ainsi la réfutation d'un argument arbitrairement prêté à l'interlocuteur sera-t-elle considérée comme une ignoratio elenchi dans la mesure où l'on ne s'est pas entendu avec lui sur la définition réelle de la chose".

Djibril Samb, *Manuel de méthodologie et de rédaction bibliographique*

Wikipédia (https://fr.wikipedia.org/wiki/Ignoratio_elenchi)

STRATAGÈME V : FAUX ARGUMENTS

Argument *ex concessis*

Ou argument *ad hominem* peut être un *"argument qui consiste surtout à retourner contre l'adversaire ses propres assertions, concessions ou actions"*

Ce peut être aussi un argument fallacieux du genre :

Être végétarien est anti-américain, la preuve, Hitler était végétarien !

STRATAGÈME VI : POSTULER CE QUI N'A PAS ÉTÉ PROUVÉ

Petitio principii

Pétition de principe (en latin scolastique *petitio principii*) : raisonnement fallacieux dans lequel on suppose dans les prémisses la proposition qu'on doit prouver.

Dès lors, la conclusion de la pétition de principe se confond avec tout ou partie des prémisses.

L'argument circulaire est une pétition de principe, mais la réciproque n'est pas vraie.

Wikipédia (https://fr.wikipedia.org/wiki/Pétition_de_principe)

STRATAGÈME XIV : CLAMER VICTOIRE MALGRÉ LA DÉFAITE

Fallacia non causæ ut causæ

Faire passer pour une raison ce qui n'en est pas une.

STRATAGÈME XVIII : INTERROMPRE ET DÉTOURNER LE DÉBAT

Mutatio controversiæ

Changement de sujet

STRATAGÈME XXVI : RETOURNER UN ARGUMENT CONTRE L'ADVERSAIRE

retorsio argumenti

Rétorsion : Action de rétorquer, de retourner un argument contre celui qui l'a émis.

STRATAGÈME XXVIII : CONVAINCRE LE PUBLIC ET NON L'ADVERSAIRE

Argumentum ad auditores

Argument adapté à l'auditoire.

STRATAGÈME XXIX : FAIRE DIVERSION

Thema quæstionis

Le sujet du débat

STRATAGÈME XXX : ARGUMENT D'AUTORITÉ

Argumentum ad verecundiam

Argument de respect

L'**argument d'autorité** consiste à invoquer une autorité lors d'une argumentation, en accordant de la valeur à un propos en fonction de son origine plutôt que de son contenu. Ce moyen rhétorique diffère de l'emploi de la raison ou de la violence.

L'argument d'autorité est parfois également désigné par trois formules latines :

- ***argumentum ad verecundiam*** : "argument de respect" ;
- ***argumentum ad potentiam*** : "argument de pouvoir" ;
- ***Ipse dixit*** : "Il l'a dit lui-même", "il" désignant l'autorité citée.

Wikipédia

Unusquisque mavult credere quam judicare

Chacun préfère croire plutôt que juger.

Sénèque (*De vita beata*, I, 4)

Paveant illi, ego non pavebo

Qu'ils craignent, moi je ne craindrai pas.

Il dit "*paveant illi, ego non pavebo*" (*Livre de Jérémie*, XVII, 18)

Le conseil municipal fut convaincu, sans doute parce qu'il traduisit de façon hâtive:

"Qu'ils pavent, moi je ne paverai pas."

Le problème est qu'en latin, *pavere* signifie *craindre, avoir peur.* La traduction est donc:

"Qu'ils craignent, moi je ne craindrai pas"

α μεν πολλοις δοκει ταυτα γε ειναι φαμεν

(a men pollois dokei tafta ge einai famen)

Ce qui paraît juste à beaucoup est forcément vrai.

τοις πολλοις πολλα δοκει   (tois pollois polla dokei)

Beaucoup de gens, beaucoup d'opinions.

Dico ego, tu dicis, sed denique dixit et ille:
Dictaque post toties, nil nisi dicta vides.

Ce que je dis, tu le dis et finalement il le dit aussi :
Et tout cela n'est autre qu'une série d'assertions.

Ex hypothesi

Par hypothèse

Stratagème XXXIII : En théorie oui, en pratique non

A ratione ad rationatum valet consequentia

La conséquence tirée de la raison première valide le raisonnement.

Stratagème XXXV : Les intérêts sont plus forts que la raison

Quam temere in nosmet legem sancimus iniquam !
> Quelle témérité à proclamer une loi qui se retourne contre nous.

Intellectus luminis sicci non est ; (sed) recipit infusionem a voluntate et affectibus...
> L'intellect n'est pas le fait d'une claire lumière, mais est soumis à l'influence de la volonté et des émotions...

Argumentum ab utili
> Argument tiré de l'utilité.

Stratagème XXXVI : Déconcerter l'adversaire par des paroles insensées

Gewohnlich glaubt der Mensch, wenn er nur Worte hort,
Es musse sich dabei doch auch was denken lassen.
> L'homme croit d'ordinaire, où lui n'entend que des mots,
> Que devrait encore s'y trouver matière à réflexion.

Goethe (*Faust*)

Exempla odiosa
> Exemples odieux.

ULTIME STRATAGÈME : SOYEZ PERSONNEL, INSULTANT, MALPOLI

Omnis animi voluptas, omnisque alacritas in eo sita est, quod quis habeat, quibuscum conferens se, possit magnifice sentire de se ipso.

Toute volupté de l'esprit, toute bonne humeur vient de ce qu'on a des gens en comparaison desquels on puisse avoir une haute estime de soi-même.

παταξον μεν, άκονσον δε   (pataxon men, ákonson de)

Frappe, mais écoute.

Desipere est juris gentium

Extravaguer est le droit des gens.

In colloquio privato sive familiari

Dans une conversation privée ou familière.

Disputatio sollemnis publica, pro gradu

La discussion solennelle et publique, selon le rang.

Respondens

Celui qui répond.

Opponens

Celui qui s'oppose.

Praeses

Le président de séance.

LE FONDEMENT DE LA MORALE

1. — LE PROBLÈME.

Ψυχῆς οὖν φύσιν ἀξίως λόγου κατανοῆσαι οἴει δυνατὸν εἶναι, ἄνευ τῆς τοῦ ὅλου φύσεως

(Psukhễs oũn phúsin axíōs lógou katanoễsai oíei dunatòn eĩnai, áneu tễs toũ hòlou phúseōs)

Crois-tu donc qu'il soit possible de connaître la nature de l'âme, d'une façon qui contente la raison, sans connaître la nature du tout.

Platon (*Phèdre*)

2. — COUP D'ŒIL RÉTROSPECTIF D'ENSEMBLE.

Non est pro magno habendum quid homines senserint, sed quæ sit rei veritas.

Ce n'est pas tant aux opinions des hommes qu'il faut regarder, mais à la vérité en elle-même.

Saint Augustin

γλαῦκας εἰς Ἀθῆνας κομίζειν   (glaũkas eis Athễnas komízein)

Porter des chouettes à Athènes.

Quand on dit de quelqu'un qu'il *porte des chouettes à Athènes*, cela signifie qu'il "peigne la girafe", ou qu'il "pousse les choses avec le ventre" pour les Portugais, ou qu'il "fait un trou dans l'eau" pour les Grecs, bref... *il fait littéralement un travail inutile.*

Origine de l'expression :

Parmi les monnaies grecques les plus connues, il faut ranger les "chouettes" d'Athènes. C'était le nom populaire des monnaies d'argent d'Athènes, qui ont pour type constant, au revers, la chouette d'Athéna debout sur une amphore couchée. Athènes fabriquait ses espèces avec l'argent extrait des fameuses mines du Laurium. Aristophane dit plaisamment que les chouettes font leur nid dans les bourses (Aristophanes, *Les oiseaux*, vers 1106). On lit encore dans Lucien : « Un proverbe dit : "Des chouettes à Athènes !" pour montrer combien il est ridicule de porter des chouettes dans une ville où elles abondent » (Lucien, *Nigrinus*).

Jo dir non vi saprei per qual sventurá,
O piuttosto per qual fatalita,
Da noi credito ottien più l'impostura,
Che la semplice e nuda verità.

> Je ne puis dire par quel hasard,
> Ou plutôt par quel fatal destin,
> L'imposture a auprès de nous plus de crédit,
> Que la vérité simple et nue.)

Casti

3. — VUE D'ENSEMBLE DU SUJET.

Mundus noumenon

Le noumène

La réalité intelligible dans le sens originel utilisé par Platon, monde des choses en soi.

4. — DE LA FORME IMPÉRATIVE DE LA MORALE DE KANT.

Πρωτον ψευδος   (prauton pseudos)

Pseudos protons, πρῶτον ψεῦδος , littéralement le ***premier mensonge*** , *erreur fondamentale* , est un concept de logique aristotélicienne . Il se réfère à la première fausse prémisse dans une déduction, qui est généralement suivie par d'autres déclarations fausses, même si elle est formellement correctement inférée.

Exemple:

Tux est un pingouin, donc un oiseau.
Tous les oiseaux peuvent voler. ← *(pseudos protons)*
Par conséquent, Tux peut voler.

contraditio in adjecto

In adjecto

Contradiction dans l'adjectif ; elle a lieu quand on joint à une chose, dans le langage, un attribut qui contredit l'essence de cette chose.

"Contradictio in adjecto (ou in adiecto)" une contradiction en soi. Un concept contradictoire/incohérent dans la forme. C'est une sorte d'oxymore,

Exemple :

"Un silence assourdissant", ou encore "un feu humide", etc.

For, since it would be utterly in vain to suppose a rule set to the free actions of men, without annexing to it some enforcement of good and evil to determine his will, we must, wherever we suppose a law, suppose also some reward or punishment annexed to that law.

Car, puisqu'il serait tout à fait vain d'envisager une règle pour encadrer la liberté d'action de l'homme, sans l'assortir de conséquence bonne ou mauvaise pour peser sur sa volonté, nous devons, partout où nous supposons une loi, supposer aussi une récompense ou punition annexée à cette loi.

John Locke (*Essais sur l'entendement*, II, chap. XXVIII, § 6)

5. — DES PRÉTENDUS DEVOIRS ENVERS NOUS-MÊMES, EXAMINÉS EN PARTICULIER.

Volenti non fit injuria

Contre qui consent, pas d'injustice.

Opus superrerogationis

Travail surérogatoire[10].

6. — DU FONDEMENT DE LA MORALE DANS KANT.

Per accidens

Accidentellement, fortuitement.

La formule *per accidens* doit s'entendre d'abord en son sens étymologique : *ce qui advient*, par conséquent, *ce qui n'est pas par soi-même* (*per se*), de quelque manière que ce soit.

ὅ, τι   (o ti)

Ce que c'est que...

διότι   (dioti)

Le pourquoi de...

Quod tibi fieri non vis, alteri ne feceris

Ce que tu ne voudrais pas qu'on te fît, ne le fais pas à autrui.

---

[10] Qui est fait en plus, supplémentaire.

Neminem læde, imo omnes, quantum potes, juva

> Ne fais de mal à personne, aide plutôt chacun selon ton pouvoir.

Docendo disco

> À enseigner, on apprend.

Semper docendo, nihil disco

> À toujours enseigner, on n'apprend rien.

Punctum saliens

> Le point culminant. Autre traduction : *"point sautant"*

(*Figuré*) Celui qui en passe d'entrer en colère ou dans une passion d'amour violente, atteint un point où l'âme est pleine comme un tonneau ; toutefois il faut encore le surcroît d'une goutte d'eau, de la bonne volonté pour la passion (que l'on nomme d'ordinaire aussi -la mauvaise). Il ne faut que ce petit grain, alors le tonneau déborde.

(C.f. Nietzsche, Humain trop humain, § 584, Punctum Saliens de la passion.)

A non posse ad non esse, valet consequentia

> De cette proposition, qu'une chose est impossible, à celle-ci, qu'elle n'est pas, la conséquence est valable.

prius κατ' ἐξόχην   (prius kat' exókhēn)

> Ce qui est premier par excellence.

Profanum vulgus

> Le vulgaire profane

Extrait de :
Odi profanum vulgus et arceo.
Je haïs le vulgaire profane et je l'écarte.

Horace

Ignarum pecus

> Troupeau ignare.

Ex tripode

Du haut du trépied. Du haut de l'estrade.

νεφελοκοκκυγία   (nephelokokkugía)

La cité des coucous, dans les nuages, en référence à une comédie grecque antique écrite par Aristophane : "Les Oiseaux", joyeuse utopie politico-religieuse qui parodie l'origine du monde selon la secte des orphiques. Ces derniers pensaient, en effet, que le monde était né d'un œuf originel.

Argument de la pièce donnée par la Comédie française :

Deux Athéniens, Évelpide et Pisthétère, fatigués d'Athènes, fuient cette cité gangrenée par la corruption, les procès et les démagogues. Guidés par un choucas et une corneille au milieu d'une nature sauvage, ils atteignent la demeure de Térée, ancien roi de Thrace transformé en huppe. Ils persuadent l'assemblée des oiseaux de fonder dans les airs une cité, d'où les intrigants, sycophantes, sophistes et orateurs sont exclus. Térée se charge de convaincre son peuple adoptif de l'intérêt d'accepter parmi eux les deux Athéniens. Ceux-ci proposent, en effet, de rendre à la gent ailée le pouvoir que lui ont volé les dieux. Ils fondent ainsi, entre terre et Olympe, **Coucouville-les-Nuées**, (en grec ancien, Νεφελοκοκκυγία) une cité dont la situation idéale permet d'assujettir les hommes et de profiter des fumets sacrificiels destinés aux dieux.

Affamés et victimes de la démesure des hommes, les dieux de l'Olympe sont déchus. Les candidats à la citoyenneté affluent bientôt mais, séduits par le profit au détriment du salut conféré par les ailes, ils sont refoulés. Les dieux, qui sont bien décidés à récupérer le pouvoir sur ces volatiles qui ressemblent étrangement aux Athéniens et sur ces hommes qui rêvent de vivre tels des oiseaux, décident de dépêcher Iris auprès de Pisthétère.

νοῦς ὁρᾷ καὶ νοῦς ἀκούει. τἄλλα κωφὰ καὶ τυφλὰ

                    (noūs horā̧ kaì noūs akoúei. tálla kōphà kaì tuphlà)

C'est l'esprit qui voit, l'esprit qui entend, le reste est aveugle et sourd.

Exemplar vitiis imitabile

Un modèle imitable, au moins en ses défauts

Horace, (*Épître*, 1, XIX, 17)

REMARQUE.

Substantia cogitans et substantia extensa una eademque est substantia, quæ jam sub hoc, jam sub ille attributo comprehenditur.

La substance pensante et la substance étendue ne font qu'une seule et même substance, considérée tantôt sous un attribut, tantôt sous l'autre.

Spinoza (*Éthique*, partie II, prop. 7, corollaire)

Intellectio pura est intellectio, quæ circa nullas imagines corporeas versatur.

L'intellection pure est celle qui n'a rapport à aucune image corporelle.

Descartes, (*Meditations*)

Non nisi eadem voluntas est, quæ appellatur appetitus sensitivus, quando excitatur per judicia, quæ formantur consequenter ad perceptiones sensuum ; et quæ appetitus rationalis nominatur, quum mens judicia format de propriis suis ideis, independenter a cogitationibus sensuum confusis, quœ inclinationum ejus sunt causæ... Id, quod occcasionem dedit, ut duæ istæ diversæ voluntatis propensiones pro duobus diversis appetitibus sumerentur est, quod sæpissime unus alteri opponatur, quia propositum, quod mens superædificat propriis suis perceptionibus, non semper consentit cum cogitationibus, quæ mentia corporis dispositione suggeruntur, per quam saepe obligatur ad aliquid volendum, dum ratio ejus eam aliud optare facit

C'est la même volonté qui, d'une part, prend le nom d'appétit sensitif, quand elle a pour excitant des jugements formés en nous en conséquence des perceptions des sens ; et qui de l'autre s'appelle appétit rationnel, quand l'esprit forme des jugements touchant ses propres idées, et indépendamment des pensées confuses des sens, qui sont causes de ses inclinations… Ce qui a donné occasion parfois, de voir dans ces deux tendances diverses de la volonté deux appétits différents, c'est que très-souvent elles s'opposent l'une à l'autre ; car tel dessin, que l'esprit construit sur le fondement de ses perceptions propres, ne s'accorde pas toujours avec les pensées que lui suggère l'état du corps, et ainsi cet état l'oblige à vouloir une chose, au moment où la raison lui en fait souhaiter une autre.

de la Forge (Tractatus de mente humana, chapitre XXIII)

7. — Du *Principe premier* de la morale de Kant.

Jus primi occupantis

Droit du premier occupant.

Quam temere in nosmet legem sancimus iniquam !

Que nous sommes prompts à faire des lois injustes, qui se retourneront contre nous !

ou, traduction alternative :

Quelle témérité à proclamer une loi inique qui se retourne contre nous !

Horace, (Satires, I, 3, v. 67)

… upon the simple plan
That they should take, who have the power,
And they should keep, who can.

…D'après cette loi simple :
Prenne, qui a la force !
Et garde, qui pourra !

Wordsworth.

Neminem juva, imo omnes, si forte conducit, læde

N'aide personne : au contraire, fais tort à tout le monde quand tu y trouves ton intérêt.

Imo omnes, quantum potes, læde

Bien plus, fais tort à tout le monde, selon ton pouvoir.

Heic Rhodus, heic salta.

C'est ici Rhodes, c'est ici qu'il faut faire le saut.

8. — LES FORMES DÉRIVÉES DU PRINCIPE PREMIER DE LA MORALE SELON KANT.

Simplex sigillum veri

La simplicité est le signe de la vérité.

Difficile est, satiram non scribere

Il est difficile de ne pas écrire de satire.

Juvénal, I, 30

τὴν δέ ἀξίαν εἶναι, ἀμοιβὴν δοκιμαστοῦ, ἣν ἂν ὁ ἔμπειρος τῶν πραγμάτωντάξῃ · ὅμοιον εἰπεῖν, ἀμείβεσθαι πυροὺς πρὸς τὰς σύν ἡμιόνῳ κριθάς.

tēn dé axían heĩnai, amoibĕn dokimastoŭ, èn hàn ho émpeiros tõn pragmátōntáxē ; hómoion eipein, ameìbesthai puroùs pròs tàs sún hēmiónō krithás.

La valeur, selon eux, c'était le prix d'un objet digne d'estime, tel que le fixerait un homme compétent ; ainsi quand on échange du froment contre de l'orge plus un mulet

Diogène Laërce: VII, 106

Doch eben wo Begriffe fehlen,

Da stellt ein Wort zu rechter Zeit sich ein

Quand les idées manquent,

C'est alors qu'un mot vient à propos tenir la place.

9. — LA THÉORIE DE LA CONSCIENCE DANS KANT.

Conscire sibi, pallescere culpa

Être en face de sa conscience, pâlir devant son crime.

συνείδησις   (suneídēsis)

Ce mot grec signifie à la fois **certitude** et **conscience**.

ἐγγύα, πάρα δ'άτα   (éngúa, pára d'áta)

Pour qui répond, Até (*le malheur*} n'est pas loin.

Μῆτις   (Mẽtis)

Sagesse

10. — LA THÉORIE DU CARACTÈRE INTELLIGIBLE ET DU CARACTÈRE EMPIRIQUE DANS KANT. — THÉORIE DE LA LIBERTÉ.

Liberum arbitrium indifferentiæ

Pouvoir de choisir ou de ne pas choisir un acte

Liberté d'indifférence.

La scolastique a considérablement réélaboré ce concept inventé par Saint Augustin, en s'appuyant sur Aristote. Les Grecs ignoraient le **libre arbitre**, n'ayant pas la notion de volonté mais plutôt celle d'acte volontaire, étudiée au troisième livre de l'Éthique à Nicomaque.

Dans ce livre, Aristote définit le volontaire par l'union de deux facultés : la spontanéité du désir (*agir par soi-même*), dont le contraire est la contrainte, et l'intentionnalité de la connaissance (*agir en fonction d'une cause et en connaissant cette cause*), dont le contraire est l'ignorance. Ainsi, j'agis volontairement quand :

a) *j'agis spontanément* (je trouve alors le principe de mes actes à l'intérieur de moi-même, contrairement à l'individu qui est emmené pieds et poings liés par des ravisseurs), et

b) *j'agis en sachant ce que je fais* (contrairement à celui qui administre à un patient un poison en croyant sincèrement lui administrer un remède, parce que le pharmacien a interverti les étiquettes).

Le volontaire suppose ainsi l'union de la spontanéité et de l'intentionnalité ; il est la condition de la responsabilité morale de l'individu (je ne saurais être tenu pour responsable du fait d'avoir quitté mon pays quand j'ai été enlevé par des agresseurs auxquels il m'était matériellement impossible d'échapper, ou quand j'ai franchi par mégarde une frontière qui n'était pas clairement signalée, en ayant eu l'intention de rester sur le territoire national). Ces analyses aristotéliciennes ont été fondamentales pour l'élaboration scolastique du concept de libre arbitre. Les théologiens chrétiens retiendront d'Aristote la notion de libre arbitre comme associant la volonté (spontanéité) et la raison (intentionnalité), et comme fondant la responsabilité de l'individu devant les lois morales, pénales et divines.

La scolastique définit traditionnellement le ***liberum arbitrium*** comme *facultas voluntatis et rationis* (faculté de la volonté et la raison : cf. Saint Thomas d'Aquin, Somme théologique, I, q. 82, a.2, obj. 2). Cette expression est exacte si elle désigne la collaboration de ces deux facultés dans la genèse de l'acte libre, mais erronée en un sens plus technique. À proprement parler, le libre arbitre est une puissance de la volonté (ibid., q. 83, a. 3) ; mieux, elle est la volonté elle-même en tant que la volonté opère des choix. Le libre arbitre, en son essence, n'est autre que la volonté dans la libre disposition d'elle-même ; vouloir, c'est décider librement, et c'est donc être libre. L'acte libre répond au schéma suivant : la volonté éprouve le désir d'un bien (*appétition*), qui constitue la fin de l'action ; elle sollicite la raison à délibérer sur les moyens de parvenir à ce bien (*délibération*), mais c'est à elle qu'appartient de choisir le moyen qui lui semble le plus approprié (*electio* en latin, qui signifie *choix*) pour parvenir à cette fin, de mouvoir le corps pour mettre en œuvre ces moyens (l'action à proprement parler), et de jouir du bien obtenu (*fruition*). C'est donc la volonté (plus que la raison) qui joue le rôle moteur et elle ne parviendrait à rien sans le concours de la raison. Dans ce schéma de l'action, le libre arbitre se manifeste tout particulièrement dans le choix, que Thomas d'Aquin définissait comme *l'actus proprius* (*l'acte éminent* ou *l'acte propre*) du liberum arbitrium.

Le concept de libre arbitre a fait l'objet de trois catégories de critiques, l'une *théologique* (attribuer à l'homme un libre arbitre, n'est-ce pas nier ou du moins, minimiser le rôle de la grâce divine dans l'œuvre du salut ?), l'autre *philosophique* (le libre arbitre ne revient-il pas à nier l'influence des motifs ou des mobiles qui déterminent nos choix et nos actions ?), et la dernière d'ordre soit *psychanalytique* (le libre arbitre n'est possible que si l'on est en mesure de dominer son inconscient) soit de ce que l'on appelle les sciences humaines. La première critique est motivée par le "prédestinationisme" : elle aboutit aux querelles autour de la prédestination caractéristiques de la Réforme dans sa version calviniste. La seconde est motivée par le "nécessitarisme" (mais aussi, dans une mesure plus complexe le "rationalisme"), le fatalisme et le déterminisme.

Wikipédia

Lo que entra con el capillo, sale con la morteja.

Ce qui vient avec le béguin du nourrisson, s'en va avec le linceul.

Lo que en la leche se mama, en la mortaja se derrama.

Ce qui se suce avec le lait, s'en va avec le suaire.

Operari sequitur esse.

L'agir s'ensuit de l'être.

De l'être suit l'action.

Quisque præsumitur bonus, donec probetur contrarium.

Tout individu est présumé honnête, jusqu'à preuve du contraire.

REMARQUE.

Τὸ γὰρ ὅλον βούλημα τοίουτ' ἔοικεν εἶναι τὸ τοῦ Πλάτωνος, ἔχειν μὲν τὸ αὐτεξούσιον τὰς ψυχὰς, πρὶν εἰς σώματα καὶ βίους διαφέρους ἐμπεσεῖν, εἰς τὸ ἤ τοῦτον τὸν βίον ἔλεσθαι, ἤ ἄλλον, ὄν, μετὰ ποίας ζωῆς καὶ σώματος οἰκείου τῇ ζωῇ, ἐκτελέσειν μέλλει (καὶ γὰρ λέοντος βίον ἐπ' αὐτῇ εἶναι ἐλέσθαι, καὶ ἀνδρὸς). Κἀκεῖνο μέντοι τὸ αὐτεξούσιον, ἅμα τῇ πρός τινα τῶν τοιούτων βίων πτώσει, ἐμπεπόδισται. Κατελθοῦσαι γὰρ εἵς τὰ σώματα, καὶ ἀντὶ ψυχῶν ἀπολυτῶν ψυχαὶ ζώων, τὸ αὐτεξούσιον φέρουσιν οἰκεῖον τῇ τοῦ ζώου κατασκευῇ, καὶ ἐφ' ὧν μὲν εἶναι πολύνουν καὶ πολυκινητὸν, ὡς ἐπ' ἀνθρώπου, ἐφ' ὧν δὲ ὀλιγοκινητὸν, καὶ μονότροπον, ὡς ἐπὶ τῶν ἄλλων σχέδον πάντων ζῴων. Ἠρθῆσθαι δὲ τὸ αὐτεξούσιον τοῦτο ἀπὸ τῆς κατασκευῆς, κινούμενον μέν ἐξ αὐτοῦ, φερόμενον δὲ κατὰ τὰς ἐκ τῆς κατασκευῆς γεγνομένας προθυμίας.

> Tò gàr hólon boúlēma toíout' éoiken eînai tò toũ Plátōnos, ékhein mèn tò autexoúsion tàs psukhàs, prìn eis sốmata kaì bíous diaphérous empeseĩn, eis tò é toũton tòn bíon élesthai, é állon, hòn, metà poías zōês kaì sốmatos oikeíou tễ zōễ, ekteĺésein méllei (kaì gàr léontos bíon ep' autễ eînai helésthai, kaì andròs). Kakeĩno méntoi tò autexoúsion, háma tễ prós tina tõn toioútōn bíōn ptósei, empepódistai. Katelthoũsai gàr eìs tà sốmata, kaì antì psukhõn apolutõn psukhaì zóōn, tò autexoúsion phérousin oikeĩon tễ toũ zóou kataskeuễ, kaì eph' hõn mèn eînai polúnoun kaì polukinētòn, hõs ep' anthrốpou, eph' hõn dè oligokinētòn, kaì monotrópon, hõs epì tõn állōn skhédon pántōn zóōn. Érthêsthai dè tò autexoúsion toũto apò tês kataskeuễs, kinoúmenon mén ex autoũ, pherómenon dè katà tàs ek tễs kataskeuễs gegnoménas prothumías.

Voici, pour résumer, quelle me semble avoir été la pensée de Platon : les âmes, avant qu'elles soient tombées dans des corps, et entrées dans diverses vies, ont la liberté de choisir entre telle et telle existence, pour ensuite l'accomplir, en se conformant à tel ou tel genre de vie, et dans un corps à ce convenable (car une âme peut choisir de vivre en lion, comme de vivre en homme). Mais cette liberté, une fois l'âme tombée dans l'une de ces diverses vies, est enchaînée. Descendues dans des corps, et devenues, d'âmes indépendantes, âmes de vivants, elles ont le genre de liberté qui est propre à la nature du vivant qu'elles sont, les unes une liberté pleine d'idées et mobile en divers sens, ainsi chez l'homme, les autres une liberté peu mobile et toute tournée d'un seul côté, comme chez presque tous les autres animaux. Cette liberté dépend de l'organisation du vivant, elle se meut par elle-même, mais elle se dirige suivant les désirs qui naissent de l'organisation.

Stobée (Églogues, chapitre VIII, § 39)

11. — LA MORALE DE FICHTE, PRISE COMME MIROIR PROPRE À GROSSIR LES DÉFAUTS DE LA MORALE DE KANT.

In nuce
Réduit(e) au noyau.

πού στῶ   (poù stỗ)
Un point où m'arrêter.

Ἡρακλῆς καὶ πίθηκος !   (Hēraklễs kaì píthēkos !)
Hercule et son singe !

13. — EXAMEN SCEPTIQUE.

οὔτε ἀγαθὸν τί ἐστί φύσει, οὔτε κακόν,
ἀλλὰ πρὸς ἀνθρώπων ταῦτα νόῳ κέκριται,
κατὰ τὸν Τίμωνα

oúte agathòn tí estí phúsei, oúte kakón,
allà pròs anthrồpōn taũta nóọ̄ kékritai,
katà tòn Tímōna

*Il n'est rien qui soit bien ni mal par nature
mais cette distinction est établie par l'opinion des hommes,
selon Timon.*

Sextus Empiricus. Contre les moralistes (Adv. Math. XI)

Deus Eventus
Dieu de la fortune.

Suum cuique
À chacun son dû.

To be honest, as this world goes, is to be one man pick'd out of ten thousand.

Un honnête homme, au train où va le monde, il y en a un sur dix mille.

Shakespeare (Hamlet, Acte II, Sc. 2)

Conscientia spuria

Conscience bâtarde.

I cannot afford to keep a conscience.

Entretenir une conscience, c'est trop cher pour moi.

14. — LES MOTIFS ANTIMORAUX.

Bellum omnium contra omnes

La guerre de tous contre tous

Hobbes (*De Cive*)

Φθόνος ἀρχῆθεν ἐμφύεται ἀνθρώπων

(Phthonos arkhẽthen emphúetai anthrṓpōn)

Depuis l'origine, l'envie est innée chez les hommes.

Hérodote III, 80

Di lor par più, che d'altri, invidia s'abbia,
Che per stessi son levati a volo,
Uscendo fuor della commune gabbia

L'envie, à plus qu'à nuls autres, s'attaque à ceux
Qui de leurs propres ailes se sont envolés,
Et fuient loin de la cage commune.

Pétrarque

Errare humanum est ; perseverare autem diabolicum.

Se tromper est humain ; alors que persévérer est diabolique.

Hic niger est ; hunc tu, Romane, caveto

Celui-là est noir, celui-là, Romain, garde-toi de lui.

Neminem juva, imo omnes, si forte conducit, læde

N'aide personne : au contraire, fais tort à tout le monde quand tu y trouves ton intérêt.

Omnes, quantum potes, læde

Fais tort à tout le monde, autant que tu le peux.

15. — Le Critérium des actions revêtues d'une valeur morale.

En avant ! mes bons confédérés, ayez soin de ma femme et de mes enfants.

Trüwen lieben Eidgenossen, wullt's minem Wip und Kinde gedenken.

Arnold von Winkelried

17. — Première vertu : la Justice.

Jus primi occupantis

Droit du premier occupant.

Ad neminem ante, bona mens venit, quam mala

Il n'est personne à qui les bonnes intentions s'offrent avant les mauvaises.

Sénèque (*Ep.* 50.)

Neminem læde.

Ne nuis à personne.

δικαιοσύνη πάνδημος, *l'autre* οὐράνια

(dikaiosúnē pándēmos, *l'autre* ouránia

Justice populaire, *l'autre* justice céleste.

Allusion à la Vénus populaire et à la Venus céleste de Platon, dans le Banquet.

Jus hic nihil aliud, quam quod justum est, significat, idque negante magis sensu, quam ajente, ut jus sit, quod injustum non est.

Le mot droit ici signifie simplement ce qui est juste, et a un sens plutôt négatif que positif : en sorte que le droit, c'est ce qui n'est pas injuste.

Hugo Grotius (*De jure belli et pacis*, L. I, c. 1, § 3)

Nulla res efficacius multitudinem regit, quam superstitio : alioquin impotens, sœva, mutabilis ; ubi vana religione capta est, melius vatibus, quam ducibus suis paret

Rien de meilleur pour mener la multitude, que la superstition. Sans la superstition, elle est emportée, cruelle, changeante : une fois séduite par les mensonges d'une religion, elle obéit mieux à ses sorciers, qu'elle ne le faisait à ses chefs.

Quinte-Curce

Causa causæ est causa effectus

La cause de la cause est aussi cause de l'effet.

ἄγος   (hágos)

    Un sacrilège

τὸ δέον   (tò déon)

    Le devoir

Quantunque il simuler sia le più volte
Ripreso, e dia di mala mente indici,
Si trova pure in molte cose e molte
Avere fatti evidenti benefici,
E danni e biasmi e morti avere tolte :
Che non conversiam sempre con gli amici,
In questa assai più oscura che serena
Vita mortal, tutta d'invidia piena

    Bien que le plus souvent le mensonge encoure
    le blâme, et soit la marque d'un dessein méchant,
    pourtant il est arrivé en mille et mille occasions
    qu'il ait rendu des services évidents,
    qu'il ait épargné à plus d'un, des maux, la honte, la mort :
    car ce n'est pas toujours à des amis que nous avons affaire,
    dans ce monde mortel, plus ténébreux que serein,
    tout plein de jaloux.
                  Ludovico Ariosto dit L'Arioste *Orlando furioso* ou *Roland furieux,* IV, 1)

Scire volant secreta domus, atque inde timeri
    Ils veulent savoir les secrets de la maison, pour se faire craindre.

Ask me no questions, and I'll tell you no lies
    Ne me questionnez pas, je ne vous mentirai pas.

Bello è il mentir, si a fare gran ben' si trova
    Belle chose qu'un mensonge qui procure un grand bien.
                  Campanella (*Poesie filosofiche,* madrigal 9)

18. — SECONDE VERTU : LA CHARITÉ.

μὴ γνώθω ἡ ἀριστέρα σου, τί ποιεῖ ἡ δεξία σου

(mè gnóthō ē aristéra sou, tí poieĩ hē dexía sou)

Que ta gauche ignore ce que fait ta droite

Que entre el ver
Padecer y el padecer
Ninguna distancia habia.

Calderon (*No siempre el peor es cierto*, Jorn, II)

Qu'entre voir

Souffrir, et souffrir,

Il n'pas de différence. »

Calderon (*Ce n'est pas toujours le pire qui est le vrai*, IIe acte)

καινὴ ἐντολή   (kainè entolé)

La nouvelle loi.

19. — CONFIRMATION DU FONDEMENT DE LA MORALE TEL QU'IL VIENT D'ÊTRE ÉTABLI.

Experimentum crucis

Expérience cruciale *ou* critique

En science, un **experimentum crucis** (en français, une **expérience cruciale** ou **critique**) est une expérience permettant de déterminer si une hypothèse ou une théorie particulière est meilleure que toutes les autres acceptées par la communauté scientifique. Une telle expérience doit généralement produire un résultat qui, s'il est vrai, discrédite toute autre hypothèse ou théorie.

La réalisation d'une telle expérience est considérée nécessaire pour qu'une hypothèse ou une théorie particulière soit acceptée parmi le cortège des connaissances scientifiques.

Origine de l'expression : L'idée est abordée par Francis Bacon dans son *Novum Organum*. Il parle alors d'**instantia crucis**. L'expression *experimentum crucis* est forgée par Robert Hooke, puis utilisée par d'autres, dont notamment Isaac Newton.

https://fr.wikipedia.org/wiki/Experimentum_crucis

Homini nihil utilius homine : ergo hominem interimere nolui

Rien de plus utile à l'homme que l'homme même : c'est pourquoi je n'ai pas voulu tuer un homme.

Spinoza

δεινότερον δέ ἐστι τὸν ἀτυχοῦντα, ἢ τὸν εὐτυχοῦντα, ἀδικεῖν.

(deinóteron dé esti tòn átukhoũnta, è tòn eutukhoũnta, ádikeĩn.)

Il est bien plus grave de faire tort à un malheureux qu'à l'homme dans la prospérité.

Aristote, (*Problèmes* XXIX, 2)

Habeat sibi sua

Qu'il garde pour lui ses biens.

C'est l'équivalent de l'expression : "Tant mieux pour lui !" *ou* "Grand bien lui fasse !

γελῶσι δ'ἐχθροὶ.　　　　　(gelõsi d'hekhthroì)

Ils rient, mes ennemis.

Sophocle

Diffugiunt cadis cum fæce siccatis amici

Le tonneau vidé, la lie venue, les amis s'en vont.

Anima rationalis

Âme raisonnable

Leibniz (*Lettre à Wagner*)

Fœtor judaïcus.

La puanteur juive.

Ἀθηναίοις δὲ ἐν τῇ ἀγορᾷ ἐστι Ἐλέου βωμός, ᾧ μάλιστα θεῶν, ἐς ἀνθρώπινον βίον καὶ μεταβολὰς πραγμάτων ὅτι ὠφέλιμος, μόνοι τιμάς Ἑλλήνων νέμουσιν Ἀθηναῖοι.

(Athēnaíois dè en tẽ agorã esti Eléou bōmós, hỗ málista theỗn, es anthrṓpinon bíon kaì metaβolás pragmátōn oti hōphélimos, mónoi timás Hellénōn némousin Athēnaĩoi.)

À Athènes, sur l'Agora, s'élève un autel à la Pitié : entre toutes les divinités, les Athéniens, considérant de quel secours elle est aux hommes dans cette ville si sujette aux changements, lui ont, seuls de tous les Grecs consacré un culte.

Pausanias, I, 17

Οὔτε ἐξ ἱεροῦ βωμόν, οὔτε ἐκ τῆς ἀνθρωπίνης φύσεως ἀφαιρετέον τὸν ἔλεον.

(Oúte ex hieroũ bōmón, oúte ek tẽs anthrōpínēs phúseōs aphairetéon tòn éleon.)

Il ne faut enlever, ni au temple l'autel, ni à la nature humaine la pitié.

Phocion d'après Stobée

Λέγεται γὰρ, ὡς πρώτη τῶν ἀρετῶν ἡ ἐλεημοσύνη.

(Légetai gàr, hōs prótē tỗn aretỗn hē eleēmosúnē.)

Car, on le dit, la première des vertus, c'est la pitié.

Pantscha Tantra (Sagesse des Indiens Sect. 3)

20. - LA DIVERSITÉ DES CARACTÈRES AU POINT DE VUE MORAL.

Velle non discitur

La bonne volonté ne s'apprend pas.

ἀλλὰ διδάσκων
Οὔποτε ποιήσεις τὸν κακὸν ἄνδρ' ἀγαθόν.

(allà didáskōn
Oúpote poiéseis tòn kakòn ándr' agathón.)

Jamais par tes leçons du méchant tu ne feras un homme de bien.

Platon (*Ménon*)

ἀρετὴ ἂν εἴη οὔτε φύσει, οὔτε διδακτόν, ἀλλὰ θείᾳ μοίρᾳ παραγιγνομένη, ἄνευ νοῦ, οἷς ἂν παραγίγνηται.

(aretè àn eíē oúte phúsei, oúte didaktón, allà theíᾳ moírᾳ paragignoménē, áneu noũ, hoĩs àn paragígnētai.)

La vertu, sans doute, n'est ni un fruit naturel, ni un effet de l'éducation : mais quand un homme a ce bonheur de la posséder, c'est sans réflexion, par une faveur divine.

Platon (*Ménon*)

οὐκ ἐφ' ἡμῖν γενέσθαι τὸ σπουδαίους εἶναι ἢ φαύλους.

(ouk eph' hēmĩn genésthai tò spoudaíous eĩnai è phaúlous.)

Qu'il n'est pas en notre pouvoir d'être vertueux ou méprisables.

Socrate, selon Aristote dans *La Grande morale, I, 9*

πᾶσι γὰρ δοκεῖ ἕκαστα τῶν ἠθῶν ὑπάρχειν φύσει πως· καὶ γὰρ δίκαιοι καὶ σωφρονικοὶ, καὶ τ'ἄλλα ἔχομεν εὐθὺς ἐκ γενετῆς.

(pãsi gàr dokeĩ hékasta tõn ēthõn hupárkhein phúsei pōs; kaì gàr díkaioi kaì sōphronikoì, kaì t'ãlla ékhomen euthùs ek genetẽs.)

Les caractères semblent être ce qu'ils sont par nature : car, si nous sommes justes, prudents, etc., c'est dès notre naissance.

Aristote (Éthique à Nicomaque, VI, 13)

Τὰς γὰρ λόγοις καὶ ἀποδείξεσιν ποτεχρώμενας δέον ἐπιστάμας ποταγορεύεν, ἀρετὰν δέ, τὰν ἠθικαν καὶ βελτίσταν ἕξιν τῶ ἀλόγω μέρεος τᾶς ψυχᾶς, καθ' ἂν καὶ ποιοί τινες ἦμεν λεγόμεθα κατὰ τὸ ἦθος, οἷον ἐλευθέριοι δίκαιοι καὶ σώφρονες.

(Tàs gàr lógois kaì apodeíxesin potekhrómenas déon epistámas potagoreúen, aretàn dé, tàn hēthikan kaì beltístan héxin tõ alógō méreos tãs psukhãs, kath' hàn kaì poioí tines ẽmen legómetha katà tò ẽthos, hoĩon eleuthérioi díkaioi kaì sóphrones.)

Celles des vertus, auxquelles sert le raisonnement et la démonstration, peuvent être dites des sciences ; mais sous le nom de vertu, nous entendons une disposition morale, la meilleure qui soit, *de la partie non raisonnable de l'âme* : de cette disposition dépend le caractère qu'on nous reconnaît, et qui nous fait appeler généreux, justes, sages.

Archytas, par Stobée (Florilegium, tit. I, § 77)

ὁ ἀγαθὸς ἄνθρωπος ἐκ τοῦ ἀγαθοῦ θησαυροῦ τῆς καρδίας αὐτοῦ προφέρει τὸ ἀγαθόν, καὶ ὁ πονηρὸς ἄνθρωπος, ἐκ τοῦ πονηροῦ θησαυροῦ τῆς καρδίας αὐτοῦ προφέρει τὸ πονηρόν.

(ho agathòs ánthrōpos ek toũ agathoũ thēsauroũ tẽs kardías hautoũ prophérei tò agathòn, kaì ho ponēròs ánthrōpos ek toũ ponēroũ thēsauroũ tẽs kardías hautoũ prophérei tò ponērón.)

L'homme bon tire le bien du trésor de son cœur qui est bon ; et l'homme mauvais tire le mal de son cœur qui est mauvais

Luc, (chap. VI, verset 45)

Dum alteri noceat, sui negligens

Qu'il puisse nuire aux autres, c'est assez, il oubliera tout.

Sénèque, (De Ira, I, 1)

Du bist am Ende — was du bist.
Setz'dir Perrücken auf von millionen Locken,
Setz'deinen Fuss auf ellenhohe Socken :
Du bleibst doch immer was du bist

> Tu es en fin de compte... ce que tu es.
> Mets toi sur la tête une perruque à un million de marteaux,
> Chausse un cothurne haut d'une aune :
> Tu n'en demeures pas moins ce que tu es.

> (*Faust*, 1ère partie. Un cabinet d'étude.)

Generosioris animi amicus

> Ami à l'âme généreuse.

21. — UN ÉCLAIRCISSEMENT SUR CET APPENDICE.

Δεῖ τίθεσθαι πρὸ ὀμμάτων τὸν καιρὸν τοῦτον, ἐν ᾧ γίγνεται τὸ τέλος ἑκάστῳ τῆς ἀππαλαγῆς τοῦ ζῆν. Πᾶσι γάρ ἐμπίπτει μεταμέλεια τοῖς μέλλουσι τελευτᾶν, μεμνημενοις ὧν ἠδικήκασι, και ὁρμὴ τοῦ βούλεσθαι πάντα πεπᾶρχθαι δικαίως αὐτοῖς.

(Deĩ títhesthai prò hommátōn tòn kairòn toũton, en hỗ gígnetai tò télos hekástọ tẽs happalagẽs toũ zẽn. Pãsi gár empíptei metaméleia toĩs méllousi teleután, memnēmenois hỗn ēdikékasi, kai hormè toũ boúlesthai pánta pepãrkhthai dikaíōs autoĩs.)

Il faut nous mettre devant les yeux cet instant qui pour chacun de nous précède le départ de cette vie. Tous les mourants alors, se souvenant de ce qu'ils ont fait d'injuste, sont pris de regret : ils voudraient que tous leurs actes eussent été justes.

Stobée

22. Fondement Métaphysique.

Pereat mundus, dum ego salvus sim

Périsse l'univers, et que je sois sauvé !

Principium individuationis

Principe d'individuation

διὰ τὴν ἑνότητα ἁπάντων πάσας ψυχὰς μίαν εἶναι.

(dià tèn henótēta hapántōn pásas psukhàs mían eĩnai.)

Grâce à l'unité de toutes choses, toutes les âmes n'en font qu'une.

Tat twam asi.

Tu es cela.

Eumdem in omnibus animantihus consistentem summum do- minum, istis pereuntibus haud pereuntem qui cernit, is vere cernit. — Eumdem vero cernens ubique praesentem dominum, non violat semet ipsum sua ipsius culpa : exinde pergit ad summum iter

Celui qui voit un même souverain maître au fond de tous les vivants, maitre qui lorsqu'ils meurent ne meurt pas, celui-là voit le vrai. — Or, voyant le maitre présent partout, il ne se souille par aucune faute qui soit de son fait ; aussi il suit la route qui mène en haut.

Baghavad-Gita, lecture XIII, 27-28

Utrum philosophiæ moralis fons et fundamentum in idea moralitatis, quae immediate I conscientia contineatur, et ceteris notionibus fundamentalibus, quæ ex illa prodeant, explicandis quaerenda sint, an in alio cognoscendi principio", unus tantum scriptor explicare conatus est, cujus commentationem, garmanico sarmone compositam et his verbis notatam : "Moral predigen ist leicht, moral begrün den ist schwer", præmio dignam judicare nequivimus. Omisso enim eo, quod potissimum postulabatur, hoc expeti putavit, ut principium aliquod ethicæ conderetur, itaque eam partem commentationis suæ, in qua principii athicæ a se propositi et metaphysicæ suæ nexum exponit, appendicis loco habuit, in qua plus quam postulatum esset præstaret, quum tamen ipsum thema ejusmodi dtsputationem flagitaret, in qua vel præcipuo loco metaphysicæ et ethicæ nexus considararetur. Quod autem scriptor in sympathia fundamentum ethicæ constituere conatus est, neque ipsa disserendi forma nobis satisfecit, neque reapse, hoc fundamentum sufficere, evicit ; quin ipse contra esse confiteri coactus est. Neque reticendum videtur, plures recentioris ætatis summos pliilosophos tam indecenter commemorari, ut justam et gravem offensionem habent

L'origine et le fondement de la morale doivent-ils être cherchés dans l'idée de la moralité, qui est fournie directement par la conscience, et dans les autres notions premières qui dérivent de cette idée, ou bien dans quelque autre principe de la connaissance ?" · Un seul auteur a essayé d'y répondre: sa dissertation est en allemand, et porte cette devise : "Il est aisé de prêcher la morale, il est difficile de fonder la morale."[11] Nous n'avons pu la trouver digne du prix. L'auteur en effet a oublié le vrai point en question, et a cru qu'on lui demandait de créer un principe de morale ; par suite, s'il a dans une partie de son mémoire, exposé le rapport qui unit le principe de la morale tel qu'il le propose, avec sa métaphysique, c'est sous la forme d'un appendice; en quoi il pense donner plus qu'on ne lui demande; or c'était là justement la discussion qu'on voulait voir traiter, une discussion portant principalement sur le lien entre la métaphysique et l'éthique. L'auteur, de plus, a voulu fonder la morale sur la sympathie : or ni sa méthode de discussion ne nous a satisfaits, ni il n'a réussi réellement à prouver qu'une telle base fût suffisante. Enfin, nous ne devons pas le taire, l'auteur mentionne

---

[11] Schopenhauer avait mis: "Prêcher la morale, c'est chose aisée; la fonder, voilà le difficile." L'Académie met : "Il est aisé de prêcher la morale; il est difficile de la fonder."

divers philosophes contemporains, des plus grands, sur un ton d'une telle inconvenance, qu'on aurait droit de s`en offenser gravement.

FIN.

À PROPOS DE CETTE ÉDITION

Ce livre est issu de la bibliothèque numérique Wikisource[12]. Cette œuvre est mise à disposition sous licence Attribution - Partage dans les Mêmes Conditions 3.0 non transposée. Pour voir une copie de cette licence, visitez

http ; //creativecommons.org/licenses/by-sa/3.0/

ou écrivez à Creative Commons, PÔ Box 1866, Mountain View, CA 94042, USA.

Malgré nos soins, une erreur a pu se glisser lors de la transcription du texte. Vous pouvez signaler une erreur à cette adresse[13] ;

contact.cdbf@gmail.com

---

12 http : //fr.wikisource.org
13 contact.cdbf@gmail.com

Crédit Artistique

Logo des Éditions CdBF

Bdfana

https ://commons.wikimedia.org/wiki/File ;EditionsduChat.jpg, Remix,Text Modified by CdBF,

https ://creativecommons.org/licenses/by-sa/4.0/legalcode

INDEX

f F

g G

h H

n N

<hr>

r R

<hr>

s S

Δέον οὖν ἀντὶ τῶν, 73
δεύτερος, 42, 146
δημιουργος, 51
δι᾿ ἀντίταξιν, 143
δι᾿ ἐγκρατείας, 144
Δια γαρ, 78
διὰ τὴν, 187
Δια τι οι, 30
διαλεγεσθαι, 149
διαλεκτικη, 149
Διαλεκτικη δε εστι, 151
διαλεκτικος ανηρ, 149
διαλεκτκη πραγματεια, 149
διάνοια, 54
Διδακτην ειναι, 34
δικαιοσύνη, 179
Διογενης εβοα, 73
Διογενης εφη, 72
διότι, 166
Δοκειτε πηδαν, 39
δόξα, 151
Δοξα μετ', 22
Δυο τροποι, 100
δυσκολία, 35

ε E

ἐγγύα, πάρα, 172
εγκρατεια, **140**
Ει γαρ μη ην, 20
Ει μεν ουν μη, 81
Ει ξενος κοσμου, 76
Εις ερωτα, 38
Εισι δη, 23
ἔκτυπος, 82
εμπεπλησμενοις, 146
εν βνθω, 151
Εν δ᾿ επεσ᾿, 28

εν και παν, 147
Εν και παν, 95
῎Εν, πλῆθος, 60
ενδοξα, 152
ἐξ οἵων, 57
ἐπαγώγη, 66
ἐπαγωγή, 63
επιθυμητικόν, 152
Εστι δε τινα, 46
Ευδαιμονιαν, 70
εὐκολία, 36
Εφ᾿ ἡμιν, 76

ζ Z

Ζηνος μεν παις, 35

η H

Η αιτια εξ αναγκης, 100
῾Η αρετη, 70
Η ατιμια φιλοσοφια, 23
ἡ εὐδαιμονία, 69
Η των μελων, 30
ἡ ὕλη, 56, 82
῾Η φρονησις, 70
η φρόνησις, 54
Η φυσιν δαιμονια, 105
Η φυσιν ουδεν, 103
Η φυσις πεποιηται, 102
Η φυσις ποιει, 102
Η χαριν του βελτιονος, 100
Ηγεμονικον, 89
῾Ηγεμονικόν, 83
ηδονη, 126
ημιν, τοις πεπλασμενοις, 144
῾Ηρακλῆς, 176

ϑ θ Θ

θανατου μελετη, 115
Θαυμαζειν, 80
Θαυμάζειν, 10
Θέος, 60
θυμοειδες, 152
Θυμον ενι στηθεσσι, 34
θῦμος, 87

ι Ι

ἴσον δε ἐστὶ, 75

κ Κ

Καθ' εαυτο, 22
Καθγκοντα, 78
και τουτο, 108
Και φιλοσοφωτερον, 113
καινὴ ἐντολή, 181
Κατ' ἐξοχὲν, 59
Κατ' ἐξοχήν, 83
Κατα φυσιν ζην, 76
Κοινη μεν, 119
Κρεῖττον, 60

λ Λ

λατρευειν Θεω ζωντι, 144
Λέγεται γὰρ, 183
λογιζεσθαι, 149
λογικη, 149
λογιμον, 54
λογιστικον, 54
λογον εχοντι, 52
λόγος ἀργός, 34

μ Μ

μακαριοι οι πτωχοι, 146
Ματην ορωμεν, 102

Μέθοδοι, 66
Μεταβ ασις, 50
μετανοια, 139
μὴ βουλόμενοι, 142
μὴ γνώθω, 181
Μη φυναι τον απαντα, 135
Μηδὲν ἄγαν, **53**
Μῆτις, 172
Μητροδωρος, 47

ν Ν

νεφελοκοκκυγία, **168**
Νηπιοι, 116
Νοουμενα, 46
Νοουμενα φαινομενοις, 47
νους, 54
Νους, 89
Νοῦς, 86
νοῦς ὁρᾷ, 168
Νους πρακτικος, 52

ο Ο

ὁ ἀγαθὸς ἄνθρωπος, 185
ὁ βίος βράχυς, 86
Ο θανατος, 115
Ο καιρος, 110
Ο μεν γαρ, 52
ὁ νομος, 139
Ο παιδικος, 130
Ο Πλατων εφη, 26
Ὁ φρόνιμος, 68
Ο χρονος, 117
ὁ χρόνος, 57
ὅ, τι, 166
Ὅθεν καὶ τὸν, 74
Οι μεν ευνουχισαντες, 38
Οιδα σου τους, 47

Οιη περ, 116
οιοι νυν, 116
οἶον οἰκία, 107
Ομολογουμενως, 15
Ομολογουμένως, 77
Οντως ον, 22
Οριζονται δε, 26
Ὁρῶ γὰρ ἡμᾶς, 9
οτι προφητης, 119
Οτι υποπιπτοντες, 141
ου, 54
Ου γαρ εκπληρωσει, 77
Ου μεν γαρ, 135
Ου πενια, 14
Ου προς ἡμας, 74
Ου φυσει, 106
ουαι, 146
Ουδε περιεργον, 103
Ουκ εστιν ενεργεια, 49
οὐκ ἐφ' ἡμῖν, 184
Ουκ εφ' ημιν, 74, 76
οὔτε ἀγαθὸν, 176
Οὔτε ἐξ ἱεροῦ, 183
Οὕτως ἀναιδῶς, 129

π Π

Πᾶν ἐστὶ, 68
παν θεος, 147
Πᾶν τὸ ἀπό, 58
πάντα καλά λίαν, 145, 148
Παρμενιδης, 116
Πας δ'οδυνηρος, 135
πᾶσι γὰρ δοκεῖ, 184
πατάξον μεν, 162
πεινωντες, 146
Πηλειδης, 35
πλουσιοις, 146

Πολυμαθία, 60
πού στῷ, 176
πραγματεια, 152
Προηγμένα, 75
προς την ρωμην, 130
προσαποτεινομενον, 142
προτασιν λογικην, 150
πρυτανεύουσα, **36**
Πρωτον ψευδος, **45**, **94**, **133**, **164**
πρῶτον ψεῦδος, 82
Πρωτότυπος, 82
Πυνθανομενης της, 140

σ Σ

σιδηρειον, 14
σκιᾶς, 8
σμικρὰ, 42
Σοφον, 90
Συ δ'ω θεων, 128
συνείδησις, 172
σωφροσυνη, 137

τ Τ

Τα γαρ των, 129
τα διαλεκτικα, 149
Ταρασσει τους, 34
Τὰς γὰρ λόγοις, 185
Τέλος, **98**
Τελος δε φασιν, 70
Τελος μεν ουν, 39
Τελος το ευδαιμονειν, 14
Τη Σαλωμη, 139
Τὴν γὰρ θατέρου, 42
τήν δέ ἀξίαν, 171
την δικαιοσυνην, 146
Την ηθικην, 52

TABLE DES MATIÈRES